反间谍安全教育
问答

王爱立 主编

中国法制出版社

前　言

  2023年4月26日，十四届全国人大常委会第二次会议表决通过了新修订的《中华人民共和国反间谍法》（以下简称《反间谍法》），该法自2023年7月1日起施行。《反间谍法》是党的二十大后国家安全领域的首部专门立法，也是新一届全国人大常委会审议通过的第一部法律，充分体现了以习近平同志为核心的党中央对国家安全工作的高度重视，为新征程上护航强国建设和民族复兴提供了有力法治保障，对在法治轨道上推进国家安全体系和治理能力现代化具有重要意义。

  我国是法治国家，长期依法开展反间谍工作，积累了丰富的法治经验。2014年《反间谍法》施行近十年来，为依法防范、制止和惩治间谍行为，维护国家主权、安全、发展利益，发挥了重要作用。这部法律源于1993年《国家安全法》，主体内容已施行三十年，难以适应新形势下反间谍斗争需要。一段时期以来，传统安全威胁与非传统安全威胁相互交织，危害国家安全活动的主体更加复杂、领域更加广泛、目标更加多元、手法更加隐蔽，亟须以总体国家安全观为指导，总结实践经验，适应形势发展，全面修订《反间谍法》。

  此次修订《反间谍法》，坚持政治引领，深入贯彻习近平法治思想和总体国家安全观，全面贯彻落实党的二十大精神，将党中央对反间谍工作的重大决策部署转化为国家意志，更好地维护国家安全；坚持问题导向，聚焦原《反间谍法》存在的间谍行为界定不清晰、防范制度不健全、执法赋权不完善、法律责任不匹配等突出问题，完善相关法律规定；坚持法治原则，将"反间谍工作应当依法进行""尊重和保障人权"作为反间谍工作的基本原则，加强对公权力的监督制约，确保赋权与限权相结合、设定义务和保障权利相统一，确保始终在法治轨道上开展反间谍工作；坚持系统观念，立足我国反间谍工作实践，做好相关法律衔接，健全完善中国特色反间谍法律制度。

为深入学习、宣传、贯彻新修订的《反间谍法》，便于广大人民群众理解把握《反间谍法》的主要内容，我们组织编写了《反间谍安全教育问答》一书。该书由全国人大常委会法制工作委员会刑法室主任王爱立担任主编，全国人大常委会法工委刑法室、国家安全部法治办公室参与立法的相关同志共同编写，以"一问一答"的形式和通俗易懂的语言，详细解读公民和组织应知应会的《反间谍法》法律常识。全书分成5个章节86个问题，主要包括对反间谍工作的总体要求、反间谍安全防范的责任、对间谍行为的调查处置、反间谍工作的保障与监督、对间谍等违法行为的处理等内容，希望能够为广大读者学习掌握《反间谍法》提供帮助和参考。

由于时间和水平有限，书中难免有不足之处，恳请广大读者批评指正。

编者组
2023 年 10 月

目录

一、对反间谍工作的总体要求

1. 为什么要制定《反间谍法》？ ………………… 3
2. 开展好反间谍工作必须坚持什么原则？ ………… 5
3. 什么是间谍行为？ ……………………………… 8
4. 反间谍工作归谁管？ …………………………… 11
5. 公民和组织维护国家安全的义务是什么？ ……… 14
6. 对支持、协助反间谍工作的个人和组织，国家如何进行保护和奖励？ ………………………… 17
7. 在反间谍工作中，对国家安全机关及其工作人员有哪些要求？ ………………………………… 20
8. 在反间谍工作中，如何保护个人和组织的信息？ ……… 22

二、反间谍安全防范的责任

9. 反间谍安全防范的主体责任是什么？由谁承担？ ……… 27

10. 地方人民政府和相关行业主管部门如何开展反间谍安全防范工作？ ………… 30

11. 各级人民政府和有关部门如何开展反间谍安全防范的宣传教育工作？ ………… 33

12. 新闻媒体和互联网信息服务等单位如何开展反间谍安全防范的宣传教育工作？ ………… 35

13. 为什么不能非法获取、持有属于国家秘密的文件、数据、资料、物品？ ………… 37

14. 什么是专用间谍器材？为什么不能非法生产、销售、持有、使用专用间谍器材？ ………… 40

15. 公民和组织发现间谍行为，应当如何处理？ ………… 42

16. 国家安全机关、公安机关等其他国家机关、组织接到关于有间谍行为的举报，应当如何处理？ ……… 45

17. 反间谍安全防范重点单位的管理制度包括哪些内容？ ………… 48

18. 反间谍安全防范重点单位应当如何加强对工作人员反间谍安全防范的教育和管理？ ………… 51

19. 反间谍安全防范重点单位如何加强物理防范措施？ … 53

20. 反间谍安全防范重点单位如何加强反间谍技术防范措施？ ………… 55

21. 什么是涉及国家安全事项的建设项目许可？ ………… 57

22. 哪些建设项目需要进行涉及国家安全事项的建设项目许可？由哪个部门负责？ ………… 59

23. 什么是安全控制区域？如何划定安全控制区域？ …… 61
24. 地方各级人民政府在编制国民经济和社会发展规划、国土空间规划等有关规划时，在反间谍工作方面应注意什么？ …………………………… 63
25. 对反间谍技术防范措施存在安全隐患的单位，国家安全机关应如何处置？ ………………………… 65

三、对间谍行为的调查处置

26. 国家安全机关在反间谍工作中行使哪些职权？ ……… 71
27. 国家安全机关工作人员在执行反间谍工作任务时，如何进行查验和问询？ …………………… 73
28. 国家安全机关工作人员在执行反间谍工作任务时，如何查验电子设备、设施及有关程序、工具？ … 76
29. 国家安全机关工作人员在查验有关个人和组织的电子设备、设施及有关程序、工具中发现存在危害国家安全情形的，应该如何处理？ …………… 78
30. 国家安全机关工作人员在执行反间谍工作任务时，如何查阅、调取文件、数据、资料、物品？ ……… 80
31. 什么是传唤？传唤需要具备什么条件？ ………… 83
32. 什么是口头传唤？口头传唤的条件是什么？ …… 85
33. 什么是强制传唤？什么情况下可以使用强制传唤？ … 87
34. 在什么地点询问被传唤人？ …………………… 88

35. 对被传唤人进行询问查证有哪些要求？ ……………… 90
36. 传唤是否需要通知家属？ ……………………………… 93
37. 在什么情况下，国家安全机关可以进行人身、物品、场所检查？ …………………………………………… 95
38. 在什么情况下，国家安全机关可以查询财产信息？ … 98
39. 在什么情况下，国家安全机关可以采取查封、扣押、冻结措施？ ……………………………………… 101
40. 采取查封、扣押、冻结措施有什么限制性要求？ …… 103
41. 国家安全机关履行反间谍调查处置职责时有哪些具体要求？ ………………………………………………… 105
42. 个人和组织在国家安全机关调查了解有关情况时有什么义务？ …………………………………………… 108
43. 在什么情况下，国家安全机关可以决定有关人员不准出境？ ………………………………………………… 111
44. 在什么情况下，国务院国家安全主管部门可以决定有关人员不准入境？ …………………………………… 115
45. 对不准出境或者不准入境的人员，应当采取什么措施？ ……………………………………………………… 117
46. 发现涉及间谍行为的网络信息内容或者网络攻击等风险，应当如何处理？ ……………………………… 120
47. 涉及间谍行为的网络信息内容或者网络攻击等风险已经消除的，应当如何处理？ ……………………… 122

48. 国家安全机关经调查，发现间谍行为涉嫌犯罪的，应当如何处理？ ………………………… 124

四、反间谍工作的保障与监督

49. 邮政、快递等物流运营单位和电信业务经营者、互联网服务提供者对调查间谍行为负有何种义务？ … 129
50. 国家安全机关工作人员执行紧急任务，享有哪些通行便利？ ………………………………… 132
51. 国家安全机关工作人员依法执行任务时进入有关场所、单位，应当遵守什么要求？ …………… 134
52. 国家安全机关因反间谍工作需要，可以优先使用或者依法征用的对象是什么？有哪些要求？ …… 137
53. 国家安全机关在反间谍工作中享有哪些通关便利？ …… 140
54. 在什么情况下，国家安全机关可以对执行或者协助执行反间谍工作任务的人员采取保护和营救措施？ …… 143
55. 在什么情况下，支持、协助反间谍工作的人可以请求国家安全机关采取保护措施，可以采取哪些保护措施？ ………………………………… 146
56. 个人和组织因支持、协助反间谍工作导致财产损失的，应当如何处理？ …………………… 148
57. 在什么情况下，国家对为反间谍工作做出贡献的人员给予安置？如何开展安置工作？ ………… 150

5

58. 在什么情况下，国家对因开展反间谍工作或者支持、协助反间谍工作的人员给予抚恤优待？ …… 152
59. 国家安全机关如何对反间谍工作开展自我监督？ …… 154
60. 对国家安全机关及其工作人员超越职权、滥用职权的行为和其他违法行为，个人和组织应该怎么处理？ …… 156

五、对间谍等违法行为的处理

61. 实施间谍行为，构成犯罪的，应当如何处理？ …… 161
62. 个人实施间谍行为，尚不构成犯罪的，应当如何处罚？ …… 164
63. 明知他人实施间谍行为，为其提供帮助或者窝藏、包庇的，应当如何处罚？ …… 166
64. 单位实施间谍行为，或者帮助实施间谍行为的，应当如何处罚？ …… 167
65. 实施间谍行为，有自首或者立功表现的，如何从宽处理？ …… 169
66. 在境外受胁迫或者受诱骗从事危害我国家安全的活动及时说明情况的，如何从宽处理？ …… 171
67. 未履行反间谍安全防范义务的，应当如何处理？ …… 174
68. 违反涉及国家安全事项的建设项目许可的，应当如何处理？ …… 176

69. 邮政、快递等物流运营单位和电信业务经营者、互联网服务提供者不履行支持、协助义务的，应当如何处理？ ………………………………………… 178

70. 国家安全机关工作人员依法执行反间谍任务时，对有关个人和组织拒不配合数据调取的，应当如何处理？ ………………………………………… 181

71. 对泄露有关反间谍工作的国家秘密的，应当如何处理？ ……………………………………………………… 183

72. 对明知他人有间谍犯罪行为，在国家安全机关向其调查情况、收集证据时拒绝提供的，应当如何处理？ ……………………………………………………… 186

73. 对故意阻碍国家安全机关依法执行任务的，应当如何处理？ ………………………………………………… 188

74. 对隐藏、转移、变卖、损毁国家安全机关依法查封、扣押、冻结的财物的，应当如何处理？ ………… 189

75. 对明知是间谍行为的涉案财物而窝藏、转移、收购、代为销售或者进行掩饰、隐瞒的，应当如何处理？ ……………………………………………………… 190

76. 对依法支持、协助国家安全机关工作的个人和组织进行打击报复的，应当如何处理？ …………… 192

77. 对非法获取、持有属于国家秘密的文件、数据、资料、物品的，应当如何处理？ ………………… 194

78. 对非法生产、销售、持有、使用专用间谍器材的，应当如何处理？ ················· 196

79. 对行为人及其近亲属或者其他相关人员，因行为人实施间谍行为从间谍组织及其代理人获取的所有利益，应当如何处理？ ················· 198

80. 什么情况下，可以采取限期出境措施？ ········· 200

81. 什么情况下，可以采取遣送出境措施？ ········· 202

82. 什么情况下，可以采取驱逐出境措施？ ········· 204

83. 国家安全机关作出行政处罚决定之前，应当告知当事人哪些事项？ ················· 206

84. 当事人对行政处罚决定、行政强制措施决定、行政许可决定不服的，可以采取哪些救济措施？ ········ 209

85. 国家安全机关工作人员滥用职权、玩忽职守、徇私舞弊或者有其他违法行为的，应当如何处理？ ······ 212

86. 《反间谍法》什么时候开始实施？ ············· 215

附　录

中华人民共和国主席令（第四号） ················· 218
中华人民共和国反间谍法 ························· 219
　　（2023 年 4 月 26 日）

一、对反间谍工作的总体要求

1 为什么要制定《反间谍法》？

答：《反间谍法》① 第 1 条规定："为了加强反间谍工作，防范、制止和惩治间谍行为，维护国家安全，保护人民利益，根据宪法，制定本法。"

间谍行为是严重危害我国国家安全的违法犯罪行为。为了更高效、更规范地防范、制止和惩治间谍行为，需要依法开展反间谍工作。我国对依法开展反间谍工作有丰富的经验和实践。2023 年修订《反间谍法》，进一步明确了《反间谍法》的立法目的。

第一，加强反间谍工作。反间谍工作需要依法不断加强。修订后的《反间谍法》在多处体现了加强反间谍工作的目的。如新增"安全防范"等专章规定，进一步压实反间谍安全防范重点单位等反间谍的责任；整合"调查处置"专章内容，增加传唤等执法措施内容。

第二，防范、制止和惩治间谍行为。制定《反间谍法》

---

① 为便于阅读，本书对相关法律文件名称中的"中华人民共和国"字样都予以省略。

是为了有章可循地防范、制止和惩治间谍行为。法律进行明确规定，首先防范间谍行为，有利于提升群众反间防谍的能力；其次制止间谍行为，有利于通过明确的措施避免间谍行为造成更为严重的损失；最后对间谍行为予以惩治，有利于发挥震慑和教育的作用。

第三，维护国家安全，保护人民利益。反间谍工作的最终目的是维护国家安全，保护人民利益。《反间谍法》以法律的形式将实践中与间谍行为作斗争的好经验、好做法固定下来，维护了国家主权、安全和发展利益，并依法保障个人和组织的合法权益。

第四，维护《宪法》权威，具体落实《宪法》关于维护国家安全的精神和要求。《反间谍法》是根据《宪法》制定的。我国《宪法》序言部分明确规定："中国人民对敌视和破坏我国社会主义制度的国内外的敌对势力和敌对分子，必须进行斗争。"《反间谍法》的相关规定就是为了落实《宪法》的内容和精神。此外，《宪法》还规定"国家尊重和保障人权"。在《反间谍法》实施过程中需要进一步遵循《宪法》的要求，切实维护《宪法》权威。

2 开展好反间谍工作必须坚持什么原则？

答：《反间谍法》第 2 条规定，反间谍工作坚持党中央集中统一领导，坚持总体国家安全观，坚持公开工作与秘密工作相结合、专门工作与群众路线相结合，坚持积极防御、依法惩治、标本兼治，筑牢国家安全人民防线。第 3 条规定，反间谍工作应当依法进行，尊重和保障人权，保障个人和组织的合法权益。

开展好反间谍工作，需要坚持以下原则：

第一，坚持党中央集中统一领导的原则。在党中央集中统一领导下开展具体工作，这是开展反间谍工作的首要原则和根本原则，是我们取得反渗透、反颠覆、反窃密斗争胜利的关键。

第二，坚持总体国家安全观的原则。当前间谍行为的主体更加复杂、间谍行为涉及的领域更加广泛、间谍行为的目标更加多元、实施间谍行为的手法更加隐蔽。总体国家安全观的内涵十分丰富，涵盖政治、军事、国土、经济、文化、社会、科技、网络、生态、资源、核、海外利益、太空、深海、极地、生物等诸多领域。只有在总体国家安全观的指引下，全面系统地认识国家安全，才可以提高识别间谍行为的能力，提升反间防谍的意识，并及时制止和惩治间谍行为。

第三，坚持公开工作与秘密工作相结合、专门工作与群众路线相结合的原则。反间谍工作，既需要采取公开的斗争方式与阴暗的间谍、破坏行为作斗争，也需要根据间谍活动的特点和规律，采取隐蔽方法开展斗争。同时，反间谍工作依靠人民，也为了人民。人民群众对反间谍工作的支持和参与，是我国在反间谍斗争中克敌制胜的重要法宝和鲜明特色，需要将专门性的反间防谍工作与人民群众的广泛支持和参与结合起来。

第四，坚持积极防御、依法惩治、标本兼治，筑牢国家安全人民防线的原则。反间谍斗争需要依法开展，依法惩治间谍行为。通过正当程序惩治间谍违法犯罪行为，是法治国家的基本要求。由于间谍组织和其他敌对势力不会停止和放弃危害我国国家安全的行为，既需要"对症下药"，对违法犯罪行为严惩不贷，也需要"治未病"，全面加强防范间谍行为的相关措施，提升全民国家安全的意识，筑牢国家安全人民防线。

第五，坚持尊重和保障人权，保障个人和组织的合法权益的原则。《宪法》第33条第3款明确规定："国家尊重和保障人权。"《反间谍法》是根据《宪法》制定的，必然要尊崇《宪法》精神，维护《宪法》权威，其规定在反间谍工作中应当尊重和保障人权。反间谍工作需要切实保障个人和组织的合法权益。既要维护好支持、协助反间谍工作的个人和组织的合法权益，也要依法保障《反间谍法》调整对象的合法权益，并通过程序、监督、救济等具体规定落实保障个人和组织的合法权益的要求。

3 什么是间谍行为？

答：《反间谍法》第 4 条规定，本法所称间谍行为，是指下列行为：（1）间谍组织及其代理人实施或者指使、资助他人实施，或者境内外机构、组织、个人与其相勾结实施的危害中华人民共和国国家安全的活动；（2）参加间谍组织或者接受间谍组织及其代理人的任务，或者投靠间谍组织及其代理人；（3）间谍组织及其代理人以外的其他境外机构、组织、个人实施或者指使、资助他人实施，或者境内机构、组织、个人与其相勾结实施的窃取、刺探、收买、非法提供国家秘密、情报以及其他关系国家安全和利益的文件、数据、资料、物品，或者策动、引诱、胁迫、收买国家工作人员叛变的活动；（4）间谍组织及其代理人实施或者指使、资助他人实施，或者境内外机构、组织、个人与其相勾结实施针对国家机关、涉密单位或者关键信息基础设施等的网络攻击、侵入、干扰、控制、破坏等活动；（5）为敌人指示攻击目标；（6）进行其他间谍活动。间谍组织及其代理人在中华人民共和国领域内，或者利用中华人民共和国的公民、组织或者其他条件，从事针对第三国的间谍活动，危害中华人民共和国国家安全的，适用本法。

《反间谍法》的这条规定，规定了6种间谍行为和1种针对第三国实施的间谍活动但可以适用我国《反间谍法》进行惩治的特殊情况。关于间谍行为，有以下6种类型：

第一，间谍组织及其代理人实施的各种危害我国国家安全的行为，都属于间谍行为。这里既包括间谍组织及其代理人自己实施的活动，也包括其指使、资助他人实施的活动，还包括其勾结境内外各种机构、组织、个人共同实施的危害我国国家安全的活动。只要活动与间谍组织及其代理人有关，就属于间谍行为。

第二，参加间谍组织或者接受间谍组织及其代理人的任务，或者投靠间谍组织及其代理人的。这里是从行为人的角度进行规定，将其加入间谍组织、接受任务、投靠间谍组织及其代理人的行为认定为构成间谍行为。

第三，间谍组织及其代理人以外的境外主体，实施的窃取、刺探、收买、非法提供国家秘密、情报和其他关系国家安全和利益的文件、数据、资料、物品，以及策动、引诱、胁迫、收买国家工作人员叛变的活动，构成间谍行为。这里既包括间谍组织及其代理人以外的境外主体自己实施的行为，也包括其指使、资助他人实施的行为，还包括其勾结境内的机构、组织、个人共同实施的上述行为。

第四，间谍组织及其代理人实施的网络间谍行为。网络间谍行为的对象是国家机关、涉密单位或者关键信息基础设施等，行为表现为网络攻击、侵入、干扰、控制、破坏等活动。这里既包括间谍组织及其代理人自己实施的行为，也包括其指使、资助他人实施的行为，还包括其勾结境内外机构、组织、个人共同实施的上述行为。

第五，为敌人指示攻击目标。这是指引导交战的敌对方进行军事攻击等破坏活动，或者为其提供、标示相关目标信息以帮助实施攻击行为。指示的方式多种多样，既包括发送情报、发射信号弹、燃烧明火等传统方式，也包括激光引导、数字定位及其他技术手段等新型方式。只要为敌人指示了攻击目标，就属于间谍行为。

第六，进行其他间谍活动。考虑到间谍行为的表现形式很多，间谍机构、组织、人员为逃避追究，也在不断变换方式、方法，法律难以一一列举，因此作了概括性规定。这可以适应复杂的实际情况，有利于对间谍行为的打击。

此外，还有一种特殊情况可以适用《反间谍法》的规定予以制止和惩治，即间谍组织及其代理人针对第三国开展的间谍活动，如果该种活动在我国领域内实施，或者利用了我国的公民、组织或者其他条件，并且危害了我国国家安全，可以适用《反间谍法》。

4 反间谍工作归谁管？

答：《反间谍法》第 6 条第 1 款规定，国家安全机关是反间谍工作的主管机关。1993 年《国家安全法》明确规定，国家安全机关是国家安全工作的主管机关。国家安全机关在境外机构、组织、个人实施或者指使、资助他人实施的，或者境内机构、组织、个人与境外机构、组织、个人相勾结实施的危害中华人民共和国国家安全行为的案件中依法行使侦查、拘留、预审和执行逮捕以及法律规定的其他职权。根据 1993 年《国家安全法》的这些规定，国家安全机关实际上也就是反间谍工作的主管机关。根据 2023 年修订的《反间谍法》第 6 条的规定，国家安全机关仍然是反间谍工作的主管机关。反间谍工作是一项重要的国家安全工作，必须要有专门的部门主管、推动反间谍各项工作。其他有关国家安全领域事务的相应主管部门也都在法律中有明确规定。通过法律确认的方式为有关部门依法履职提供明确依据和有力支撑。国家安全机关作为反间谍工作的主管机关，从目前机构设置情况来看，包括国家安全部，省级及省级以下国家安全厅、国家安全局、国家安全分局等。

《反间谍法》第 6 条第 2 款规定，公安、保密等有关部门和军队有关部门按照职责分工，密切配合，加强协调，依法做好有关工作。反间谍工作不是国家安全机关一家的事情。公安、保密等有关部门和军队有关部门也会涉及反间谍相关工作。比如，军事秘密对于保障军事安全和国家政权具有非常重要的意义，一直以来都是境外间谍机构和敌对势力间谍活动的重要目标。军队有关部门一方面需要做好保密措施，防止秘密被刺探和窃取，另一方面也需要采取及时有效的措施，发现和制止间谍行为，防止军事秘密被窃取、刺探，引起重大损失。公安机关的出入境管理、人口管理、网络管理等工作都可能涉及国家安全。《保守国家秘密法》对国家保密部门的职责作了规定。国家保密部门负有制定保密规章和国家保密标准，依法组织开展保密宣传教育、保密检查、保密技术防护和泄密案件查处工作，对机关、单位的保密工作进行指导和监督，对机关、单位遵守保密制度的情况进行检查，要求存在泄密隐患的机关、单位采取措施和限期整改，责令停止使用存在泄密隐患的设施、设备、场所以及督促、指导涉嫌泄露国家秘密的机关、单位进行调查处理等职责。保密部门对保密检查中发现的非法获取、持有的国家秘密载体，应当予以收缴。对于涉嫌泄露国家秘密的案件，保密部门要配合国家安全机关等部门开展相关工作，比如对涉嫌泄密案件中被泄露的事项是否属于国家秘密以及属于何种密级进行鉴定等。因此，公安、保密等有关部门和军队有关部门,根据法律法规和有关职责规定,在反间谍工作中都具有相应职责,要按照职责分工,密切配合,加强协调,依法做好有关工作。

5　公民和组织维护国家安全的义务是什么？

答：维护国家安全和反间谍工作离不开公民和组织的支持配合，离不开他们提高防范意识和采取防范措施。《反间谍法》对公民和组织维护国家安全的义务既有总则性的规定，也有具体的义务责任的规定。

第一，《反间谍法》第7条第1款规定，中华人民共和国公民有维护国家的安全、荣誉和利益的义务，不得有危害国家的安全、荣誉和利益的行为。在我国对外交往日益增多，信息网络技术大发展的背景下，反间谍任务更为艰巨，这对做好反间谍工作提出了更高的要求。但是，仍然有一些人防范意识不足、警惕性不强，为境外的间谍组织等敌对势力从事危害国家安全的活动提供了可乘之机；有的人为了金钱或者其他目的，主动地为境外组织机构和人员窃取、非法提供国家秘密，给国家的安全造成了重大损失；有的人立场不稳、不辨是非，明知有人从事间谍活动不报告、不制止，听之任之；还有的人在反间谍机关向其调查有关情况、收集有关证据时，隐瞒、掩饰，拒绝提供相关信息，甚至设置障碍，妨碍反间谍工作以及其他维护国家安全工作的开展。这些行为严重地危害了国家安全，妨碍了反间谍工作。本法除了在总则中规定"中华人民共和国公民有维护国家的安全、荣誉和利益的义务，不得有危害国家的安全、荣誉和利益的行为"，还在其他章节中从多个方面对公民在反间谍等维护国家安全工作中的义务与责任作了具体规定。

第二，《反间谍法》第7条第2款规定，一切国家机关和武装力量、各政党和各人民团体、企业事业组织和其他社会组织，都有防范、制止间谍行为，维护国家安全的义务。维护国家的安全，不仅是每个公民的法定义务，而且也是各政党、机关、人民团体、企业事业组织和其他社会组织的法定义务。所有组织都要坚持依法履行职责，完善各项制度，不能凭借权力进行危害国家安全的活动；要教育本组织成员遵守《反间谍法》的规定，协助国家安全机关做好防范、制止间谍行为的工作；要积极协助执行反间谍任务的部门的工作，在国家安全机关因执行反间谍工作任务需要帮助时，予以必要的支持。

第三，《反间谍法》第8条规定，任何公民和组织都应当依法支持、协助反间谍工作。开展反间谍工作和维护国家安全，不仅要依靠国家安全机关等专门机关，更重要的是要依靠全社会的支持和协助。在国家安全机关的工作人员依照法定程序和条件执行有关反间谍工作任务时，公民和组织都应当依法支持、协助。如国家安全机关等依照《反间谍法》第三章规定行使调查处置相关职权时，公民和组织都应当依法提供支持、协助。

第四，《反间谍法》第8条还规定，任何公民和组织都应当保守所知悉的国家秘密和反间谍工作秘密。有关公民、组织依法支持、协助国家安全机关工作人员执行反间谍工作任务的同时，要自觉恪守有关的保密义务。涉及的"国家秘密"既包括公民和组织在履行反间谍工作职责中知悉的国家秘密，也包括公民和组织在协助国家安全机关工作等情况下知晓的国家秘密。有关公民和组织对在反间谍工作中知悉的"工作秘密"也应当保密。

6 | 对支持、协助反间谍工作的个人和组织，国家如何进行保护和奖励？

答：《反间谍法》第9条规定，国家对支持、协助反间谍工作的个人和组织给予保护。对举报间谍行为或者在反间谍工作中做出重大贡献的个人和组织，按照国家有关规定给予表彰和奖励。

第一，依法给予保护。人民为了祖国和自身的利益，自觉地、积极地支持、协助国家安全机关同间谍行为作斗争，是做好反间谍工作的基础和保证。反间谍工作具有复杂性、艰巨性，甚至有一定程度的危险性。支持、协助反间谍工作的个人和组织很有可能受到敌对势力的威胁、报复。保护这些个人和组织既是做好反间谍工作的需要，也是反间谍工作的重要组成部分。这里所说的"保护"，主要是指对支持、协助反间谍工作的个人和组织的人身安全、财产安全和其他合法权益加以保护，防止他们遭受侵害。例如，对其个人信息采取保护措施，对其人身安全采取专门保护等。此外，国家安全机关在工作中也要注意保护这些个人和组织的合法权益，不能随意侵害他们的合法权益。另外，对于支持、协助反间谍工作的个人在刑事诉讼中担任证人的，可以根据案件的情况和需要，适用《刑事诉讼法》规定的保护措施。

第二，依照规定给予表彰和奖励。给予表彰和奖励的情形包括举报间谍行为和在反间谍工作中做出重大贡献。这里所说的举报间谍行为，是指向国家安全机关等报告自己知悉的他人或者组织涉嫌间谍行为的线索、信息等的行为。2022年国家安全部颁布的《公民举报危害国家安全行为奖励办法》对公民举报危害国家安全行为的奖励条件、方式、标准、程序等作了明确规定，同样适用于对间谍行为的举报。另外，"重大贡献"是指对反间谍工作起到重要的促进作用，对反间谍工作进展有重大帮助，包括：（1）为国家安全机关及有关部门提供重要线索，发现、破获严重间谍犯罪案件的；（2）为国家安全机关提供重要情况，防范、制止严重间谍行为发生的；（3）协助国家安全机关、司法机关抓获间谍犯罪分子的；（4）密切配合国家安全机关执行反间谍工作任务，表现突出的；（5）与间谍犯罪分子进行斗争，表现突出的；（6）在教育、动员、组织本单位的人员防范、制止间谍行为的工作中成绩显著的。按照规定对上述情形予以"表彰和奖励"，包括精神方面和物质方面的表彰和鼓励。给予精神奖励的，颁发奖励证书；给予物质奖励的，发放奖金。征得举报人及其所在单位同意后，可以由举报人所在单位对举报人进行奖励。奖励的对象包括在协助反间谍工作中，做出重大贡献的个人和组织，也包括做出重大贡献的国家安全机关的工作人员等。需要特别说明的是,一时误入歧途,实施了间谍等违法犯罪行为,但及时悔过自新,并有重大立功表现,举报间谍行为或者对国家反间谍工作做出重大贡献的人,依法也应予以奖励。

7 在反间谍工作中，对国家安全机关及其工作人员有哪些要求？

答：国家安全机关及其工作人员，在工作中应当严格依法办事，不得超越职权、滥用职权，不得侵犯个人和组织的合法权益。国家安全机关工作涉及社会上的个人和组织的支持、配合，涉及在履行职责过程中对个人、组织权利的限制，如果不严格依照法定程序、条件行使职权可能会损害个人和组织的利益，从而最终损害反间谍工作的依法开展。在赋予反间谍执法手段和措施的同时，法律也强调要严格依法办事，按照《反间谍法》和其他法律规定的职权和条件开展工作，体现了反间谍工作的法治原则。

第一，要"严格依法办事"。要严格依照法律的有关规定办事，特别是要按照《反间谍法》规定的程序、条件依法行使职权。首先，国家安全机关及其工作人员对间谍犯罪行为和《反间谍法》规定的其他违法行为，必须采取防范和制止的措施，对不属于违法犯罪的行为，不能采取调查间谍行为的有关措施以及不能行使侦查、拘留、预审和执行逮捕的权力。其次，对间谍犯罪行为进行侦查、拘留、预审和执行逮捕时，必须严格依照我国《刑事诉讼法》规定的程序办事。最后，在反间谍工作中行使权力，只能行使法律规定的权力，法律没有规定的，不得行使。在行使权力时，要严格履行规定的手续，凡是法律有限制性的规定的，例如法律规定应当经过批准、出示相应证件的，都应当严格遵守。

第二，不得超越职权、滥用职权。"超越职权"是指行使了法律没有赋予的职权；"滥用职权"是指虽然行使法律规定的职权，但是没有正确行使，包括以权谋私等。为了使国家安全机关及其工作人员更好地执行反间谍工作任务，法律赋予其一定的职权是必要的，而国家安全机关及其工作人员在行使这些权力时，必须严格依法执行，不得超越职权或者滥用职权。超越职权或者滥用职权会侵犯个人和组织的合法权益，破坏国家安全机关的威信，危害国家利益，而且还会给反间谍工作正常进行造成不良影响。

第三，不得侵犯个人和组织的合法权益。一方面，国家安全机关及其工作人员在执行工作任务时，应充分行使国家赋予的权力，坚决防范和制止间谍行为。另一方面，国家安全机关及其工作人员在执行工作任务时，应注意保护个人和组织的合法权益，如在反间谍工作中，优先使用或者依法征用机关、团体、企业事业组织和个人的交通工具、通信工具、场地和建筑物，任务完成后应当及时归还或者恢复原状，并依照规定支付相应费用；造成损失的，应当给予补偿。对故意侵犯有关个人和组织的合法权益的行为，应当追究法律责任。

8 在反间谍工作中，如何保护个人和组织的信息？

答：为了保障反间谍工作开展，维护国家安全，必须赋予国家安全机关等执法部门以充分有效的职权和手段，《反间谍法》在第二章安全防范和第三章调查处置、第四章保障与监督等章节中具体规定了国家安全机关等的职权，同时规定了公民、组织的支持、协助责任，在依法履行上述职权过程中将涉及公民、组织的利益和有关工作秘密、个人信息等的获取、使用和保护。在反间谍工作中保护个人和组织的信息主要体现为两个方面，即国家安全机关及其工作人员依法履行反间谍工作职责，获取的个人和组织的信息只能用于反间谍工作，以及对属于国家秘密、工作秘密、商业秘密和个人隐私、个人信息的，应当保密。

第一，国家安全机关及其工作人员在履行反间谍工作职责时，不可避免地会获取组织和个人的信息、材料，为保护组织和个人的合法权益，避免发生侵权行为，法律规定获取的上述信息、材料只能用于反间谍工作，不得用于其他用途，包括为了打击其他违法犯罪，或者作为立案查处其他违法犯罪的证据。例如，依照《反间谍法》第25条、第26条、第28条的规定在查验、查阅、调取、检查有关文件、数据、资料、物品、设备等时获取的有关信息，依照《反间谍法》第37条的规定采取技术侦察措施获取的有关信息等，都只能用于反间谍工作，不能移送其他负责查处违法违纪的部门，不能在相关部门间共享获取的相关信息。实践中，应当严格依照《反间谍法》第11条的规定，落实好相关信息只能用于反间谍工作的法律要求。

第二，国家安全机关及其工作人员要履行保密义务。国家安全机关及其工作人员对履职中知悉的"属于国家秘密、工作秘密、商业秘密和个人隐私、个人信息的，应当保密"。"国家秘密"是指关系国家安全和利益，依照法定程序确定，在一定时间内只限一定范围的人员知悉的事项。"工作秘密"是指涉及相关重要工作不宜为外部知晓的内部事项。"商业秘密"是指不为公众所知悉，能为权利人带来经济利益，具有实用性并经权利人采取保密措施的技术信息和经营信息。"个人隐私"是指个人生活中不愿公开或不愿为他人知悉的秘密。国家秘密关系国家安全和利益，商业秘密关系权利人的经济利益，隐私权是个人的重要人身权利。"个人信息"是指以电子或者其他方式记录的与已识别或者可识别的自然人有关的各种信息，不包括匿名化处理后的信息。国家安全机关及其工作人员对履行反间谍安全防范指导和检查工作职责中涉及国家秘密、工作秘密、商业秘密和个人隐私、个人信息的事项、材料，应当妥善保管，不得遗失、泄露，不得让不该知悉的人知悉。违反规定泄露国家秘密、工作秘密、商业秘密和个人隐私、个人信息的，依法予以处分，构成犯罪的，依法追究刑事责任。

二、反间谍安全防范的责任

9 反间谍安全防范的主体责任是什么？由谁承担？

答：当前，境外间谍情报机关和各种敌对势力对我渗透窃密活动明显加剧，手段更加多样，领域更加宽广，对国家安全和利益构成严重威胁。同时，我核心要害领域仍然存在反间谍安全防范主体责任落实不到位、防范制度措施不健全等问题，有必要依法明确"防什么、谁来防、怎么防"。因此，《反间谍法》第 12 条第 1 款规定，国家机关、人民团体、企业事业组织和其他社会组织承担本单位反间谍安全防范工作的主体责任，落实反间谍安全防范措施，对本单位的人员进行维护国家安全的教育，动员、组织本单位的人员防范、制止间谍行为。

第一，责任主体是国家机关、人民团体、企业事业组织和其他社会组织。这里的"国家机关"包括国家各级权力机关、行政机关、监察机关、司法机关以及军事机关等。"人民团体"是具有政治性、群众性、非营利性性质和特征的重要组织，联系成员广泛，是承担反间谍安全防范工作的重要组成部分。落实好"人民团体"的反间谍安全防范主体责任至关重要。"企业事业组织"是指国有企业、集体所有制企业、私营企业、股份制企业等不同经营形式的企业,以及属于事业单位性质的各种组织、机构。"其他社会组织"是指除国家机关、人民团体、企业事业组织以外的,依法或者根据有关政策设立,有一定的组织机构和财产的各类组织、机构。

第二,主体责任是承担本单位反间谍安全防范工作。具体责任主要有:(1)落实反间谍安全防范措施。根据《反间谍安全防范工作规定》第8条的规定,机关、团体、企业事业组织和其他社会组织应当落实反间谍安全防范主体责任,履行下列义务:开展反间谍安全防范教育、培训,提高本单位人员的安全防范意识和应对能力;加强本单位反间谍安全防范管理,落实有关安全防范措施;及时向国家安全机关报告涉及间谍行为和其他危害国家安全行为的可疑情况;为国家安全机关依法执行任务提供便利或者其他协助;妥善应对和处置涉及本单位和本单位人员的反间谍安全防范突发情况;其他应当履行的反间谍安全防范义务。(2)对本单位的人员进行维护国家安全的教育,动员、组织本单位的人员防范、制止间谍行为。为了保证公民自觉履行《宪法》规定的维护祖国的安全、荣誉和利益的义务,不仅要经常地对公民进行维护国家安全的教育,还要动员和组织群众防范、制止间谍行为。在教育和动员群众方面可以采取很多方法,其中最有效的是依靠国家机关、人民团体、企业事业组织和其他社会组织不断教育和动员群众,因为公民作为社会的一员分散在机关、团体、企业事业单位、村民委员会、居民委员会等各个不同的组织中。这些组织最有条件将公民组织起来进行维护国家安全的宣传和教育，也最有条件动员和组织起本单位的人员防范、制止间谍行为，开展维护国家安全的有关工作。所以，各单位和组织必须清醒地认识到履行在本单位内进行维护国家安全的教育和动员，组织人员防范、制止间谍等破坏行为的义务的重要意义，不能走过场，不能流于形式，要认真履行这一义务，将这一工作扎实做好、真正落实。只有对公民不断进行维护国家安全的教育，提高每个公民维护国家安全的积极性，才会在整个社会上筑起一道坚实有力的防范大堤，使那些从事间谍破坏活动的不法分子寸步难行。

10 地方人民政府和相关行业主管部门如何开展反间谍安全防范工作?

答:《反间谍法》第12条第2款、第3款规定,地方各级人民政府、相关行业主管部门按照职责分工,管理本行政区域、本行业有关反间谍安全防范工作。国家安全机关依法协调指导、监督检查反间谍安全防范工作。

第一,地方各级人民政府和相关行业主管部门是管理反间谍安全防范工作的责任主体。在中央层面,中央国家机关各部门按照职责分工,贯彻执行国家安全方针政策和法律法规,管理指导本系统、本领域国家安全工作。在地方层面,地方各级人民政府依照法律法规规定管理本行政区域内的国家安全工作。

第二,按照职责分工,管理本行政区域、本行业有关反间谍安全防范工作。根据《反间谍安全防范工作规定》第7条的规定,行业主管部门应当履行下列反间谍安全防范监督管理责任:(1)根据主管行业特点,明确本行业反间谍安全防范工作要求;(2)配合国家安全机关制定主管行业反间谍安全防范重点单位名录、开展反间谍安全防范工作；（3）指导、督促主管行业所属重点单位履行反间谍安全防范义务；（4）其他应当履行的反间谍安全防范行业管理责任。有关行业主管部门应当与国家安全机关建立健全反间谍安全防范协作机制，加强信息互通、情况会商、协同指导、联合督查，共同做好反间谍安全防范工作。

第三，国家安全机关依法协调指导、监督检查反间谍安全防范工作。机关、团体和其他组织对本单位的人员进行维护国家安全的教育，动员、组织本单位的人员防范、制止间谍行为，应当接受国家安全机关的协调和指导。各级国家安全机关按照管理权限，依法对机关、团体、企业事业组织和其他社会组织开展反间谍安全防范工作进行业务指导和督促检查。（1）关于协调指导制度，国家安全机关可以通过下列方式对机关、团体、企业事业组织和其他社会组织落实反间谍安全防范责任进行指导：提供工作手册、指南等宣传教育材料；印发书面指导意见；举办工作培训；召开工作会议；提醒、劝告；其他指导方式。（2）关于监督检查制度，国家安全机关可以通过下列方式对机关、团体、企业事业组织和其他社会组织的反间谍安全防范工作进行检查：向有关单位和人员了解情况；调阅有关资料；听取有关工作说明；进入有关单位、场所实地查看；查验电子通信工具、器材等设备、设施；反间谍技术防范检查和检测；其他法律、法规、规章授权的检查方式。需要注意的是，国家安全机关在协调指导、监督检查反间谍安全防范工作时，要充分把握好发展与安全的关系。在安全方面，做好协调指导、监督检查工作更加深刻地关联着国家安全利益，针对可能直接引发现实安全的问题要及时预防，及时监管。在发展方面，在做好反间谍安全防范的同时，要兼顾好公司、企业等的正常运营，严格依法行使职权，以获取更多的支持，尽量避免企业、事业等组织产生抵触情绪。另外，还需要注意的是，国家安全机关要依靠各主体共同开展安全防范工作，凝聚合力，而不是把责任主体作为被监督、被管理对象开展工作，这样不利于争取更多主体的配合。

11 各级人民政府和有关部门如何开展反间谍安全防范的宣传教育工作?

答：开展反间谍安全防范宣传教育，能够使人民群众认识到间谍行为危害国家安全的本质，增强辨别间谍行为的能力，不断提高反间谍安全防范意识，增强国家安全素养，使总体国家安全观落地见效。

第一，各级人民政府和有关部门是开展反间谍安全防范宣传教育的主要力量，应采取多种形式开展宣传教育，包括发动新闻、宣传、文化等部门和工会、共青团、妇联等团体，以及居民委员会、村民委员会等群众性组织，通过普法宣传与以案释法相结合，播放警示教育题材的音视频资料，举办展览，张贴宣传标语，表彰反间谍工作先进集体和个人，组织志愿者到群众中表演反间谍斗争小故事等群众喜闻乐见的形式，提高公众识别间谍行为能力，增强防范意识。

第二，各级人民政府和有关部门开展反间谍安全防范宣传教育的内容应深入全面，宣传的内容可以包括间谍活动的成因、根源、危害等。对于间谍行为的手段及表现形式，可以将其作为重点予以宣传，如刺探、窃照、潜伏、金钱收买、感情腐蚀、色情引诱、网络勾结等；还可以通过国际国内的反间谍斗争形势等教育社会公众对间谍行为予以关注和重视，自觉抵制、积极举报可能有损国家安全的行为。

第三，各级人民政府和有关部门有义务和责任将反间谍安全防范知识纳入教育、培训、普法宣传内容，目的是让学生和受培训人员掌握辨别间谍行为的方法和应对间谍行为的防范措施等，意识到间谍行为对国家利益的重大危害，从而有效防止被间谍组织侵染、诱惑。将反间谍安全防范知识纳入教育、培训、普法宣传内容，具体包括开设反间谍专门课程、专题预防讲座，开展反间谍知识竞赛等。

第四，各级人民政府和有关部门的宣传教育活动应当接受国家安全机关的指导。国家安全机关作为反间谍工作的专门机关，不仅具有相应的反间谍专业知识和能力，还具有丰富的反间谍实践经验，国家安全机关有责任和义务根据反间谍安全防范的形势，采取多种方式指导各级人民政府和有关部门开展反间谍宣传教育活动，如提供工作手册、指南等宣传教育材料，举办工作培训，召开工作会议等方式。国家安全机关还可以会同教育、科技等主管部门指导学校、科研机构等开展反间谍宣传教育，对出国学习、交流的师生、科研人员加强反间谍安全防范行前教育和回国访谈。

12 | 新闻媒体和互联网信息服务等单位如何开展反间谍安全防范的宣传教育工作？

答：新闻、广播、电视等新闻媒体和互联网信息服务单位是宣传党和国家政策的重要媒介，面向社会公众有针对性地开展反间谍安全防范的宣传教育是这些媒体单位的义务和责任。这些媒介往往受众广泛，传播速度快，其传播的内容有很强的影响力。同时，新闻媒体和互联网信息服务等单位发挥着引导、传播正能量、新思想，抵制境内外不良价值理念的重要作用。实践证明，新闻、广播、电视、文化、互联网信息服务等单位开展的宣传教育活动有利于提高人民群众的防范意识，因此，新闻媒体单位应当充分利用自身的优势及在宣传教育方面的专业性，采取人民群众容易接受的方式，有针对性地开展反间谍宣传教育，提高反间谍安全防范宣传教育的广度和深度。

反间谍安全防范宣传教育具有一定的特殊性和专业性，新闻、广播、电视、文化、互联网信息服务等单位的宣传工作应当在国家安全机关的指导下进行，这样能够使反间谍安全防范宣传教育更具实效性和针对性。实践中，国家安全机关可以根据反间谍安全防范形势，会同宣传主管部门，根据本地区人民群众开展反间谍安全防范的实践需要，协调和指导广播、电视、报刊、互联网等媒体开展反间谍安全防范宣传活动，制作、刊登、播放反间谍安全防范公益广告、典型案例、宣传教育节目或者其他宣传品，提高公众反间谍安全防范意识。

需要注意的是，开展反间谍宣传教育是各级人民政府和有关部门，新闻、广播、电视、文化、互联网信息服务等单位维护国家安全和利益的责任和义务。借助多种公开的媒介进行反间谍宣传教育能够起到广泛传播的效果，但反间谍工作保密性要求高，在宣传教育过程中要特别保密纪律。各级人民政府和有关部门对反间谍宣传教育的内容应进行严格的审查，确保宣传教育与保密义务相互衔接协调。

13 为什么不能非法获取、持有属于国家秘密的文件、数据、资料、物品?

答:《反间谍法》第14条规定,任何个人和组织都不得非法获取、持有属于国家秘密的文件、数据、资料、物品。

第一,国家秘密的含义。"国家秘密"是指关系国家安全和利益,依照法定程序确定,在一定时间内只限一定范围的人员知悉的事项。国家秘密主要产生于政治、国防、外交外事、经济、科技等领域,这些领域的事项泄露后可能损害国家安全和利益的,才能确定为国家秘密。具体可以包括以下内容:一是国家事务重大决策中的秘密事项;二是国防建设和武装力量活动中的秘密事项;三是外交和外事活动中的秘密事项以及对外承担保密义务的秘密事项;四是国民经济和社会发展中的秘密事项;五是科学技术中的秘密事项;六是维护国家安全活动和追查刑事犯罪中的秘密事项;七是经国家保密行政管理部门确定的其他秘密事项。政党的秘密事项中符合上述七项内容的,也属于国家秘密。国家秘密的密级分为绝密、机密、秘密三级。其中，绝密级国家秘密是最重要的国家秘密，泄露会使国家安全和利益遭受特别严重的损害；机密级国家秘密是重要的国家秘密，泄露会使国家安全和利益遭受严重的损害；秘密级国家秘密是一般的国家秘密，泄露会使国家安全和利益遭受损害。国家秘密及其密级的具体范围，由国家保密行政管理部门分别会同外交、公安、国家安全和其他中央有关机关规定。军事方面的国家秘密及其密级的具体范围，由中央军事委员会规定。

第二，非法获取、持有属于国家秘密的文件、数据、资料、物品的危害性。非法获取属于国家秘密的文件、数据、资料、物品就是通过非法手段获得、取得属于国家秘密的文件、数据、资料、物品的行为。非法持有属于国家秘密的文件、数据、资料、物品就是擅自携带、存放属于国家秘密的文件、数据、资料、物品，具体包括两种情况：一是不应知悉某项国家秘密的人员携带、存放属于该项国家秘密的文件、数据、资料、物品的；二是可以知悉某项国家秘密的人员，未经办理手续，私自携带、留存属于该项国家秘密的文件、数据、资料、物品的。目前，国内个人和组织非法获取、持有国家秘密文件、数据、资料、物品的情况时有发生，特别是随着互联网应用的普及和发展，在电脑上有意或者无意保存、持有的属于国家秘密的文件、数据、资料，往往成为国外间谍机构、组织刺探、收买、窃取我国国家秘密的对象。非法获取、持有国家秘密的行为已经成为泄露国家秘密的主要方式，是保守国家秘密工作的重大隐患。非法获取、持有属于国家秘密的文件、数据、资料、物品，会带来关系国家安全和利益的事项泄露的风险，危害国家安全和利益。

第三，对非法获取、持有属于国家秘密的文件、数据、资料、物品违法犯罪行为的处罚。《反间谍法》第 61 条明确规定，非法获取、持有属于国家秘密的文件、数据、资料、物品，尚不构成犯罪的，由国家安全机关予以警告或者处十日以下行政拘留。《刑法》第 282 条规定："以窃取、刺探、收买方法，非法获取国家秘密的，处三年以下有期徒刑、拘役、管制或者剥夺政治权利；情节严重的，处三年以上七年以下有期徒刑。非法持有属于国家绝密、机密的文件、资料或者其他物品，拒不说明来源与用途的，处三年以下有期徒刑、拘役或者管制。"

14 | 什么是专用间谍器材？为什么不能非法生产、销售、持有、使用专用间谍器材？

答：《反间谍法》第15条规定，任何个人和组织都不得非法生产、销售、持有、使用间谍活动特殊需要的专用间谍器材。

第一，专用间谍器材的定义。专用间谍器材是专门用于实施间谍活动的工具，主要包括以下器材：一是暗藏式窃听、窃照器材；二是突发式收发报机、一次性密码本、密写工具；三是用于获取情报的电子监听、截收器材；四是其他专用间谍器材。由于专用间谍器材的特殊性，国家对这类专用器材的生产、销售、管理和使用等都有严格的规定。专用间谍器材由国务院国家安全主管部门，即国家安全部依照国家有关规定确认。未经国家安全部依法确认的器材不属于专用间谍器材，持有、使用该器材的行为不得依照《反间谍法》进行处罚。

第二，非法生产、销售、持有、使用专用间谍器材的危害性。利用专用间谍器材窃取、刺探我国国家秘密，进行破坏活动,是间谍活动的主要手段之一。发现、查获这些专用间谍器材对维护我国国家安全,有效防范、制止间谍活动具有重要作用。非法生产、销售、持有、使用专用间谍器材,既可能为不法分子利用,成为其窃取或为境外机构、组织、人员提供国家秘密的工具和方式,也会给国家安全和社会稳定带来隐患。从维护国家安全和社会利益角度出发,必须禁止非法生产、销售、持有、使用专用间谍器材。

第三,对非法生产、销售、持有、使用专用间谍器材的处罚。《反间谍法》第61条规定,非法生产、销售、持有、使用专用间谍器材,尚不构成犯罪的,由国家安全机关予以警告或者处十日以下行政拘留。对于非法生产、销售专用间谍器材的,《刑法》第283条规定:"非法生产、销售专用间谍器材或者窃听、窃照专用器材的,处三年以下有期徒刑、拘役或者管制,并处或者单处罚金;情节严重的,处三年以上七年以下有期徒刑,并处罚金。单位犯前款罪的,对单位判处罚金,并对其直接负责的主管人员和其他直接责任人员,依照前款的规定处罚。"对于非法持有、使用专用间谍器材的,《刑法》第284条规定:"非法使用窃听、窃照专用器材,造成严重后果的,处二年以下有期徒刑、拘役或者管制。"非法生产、销售、持有、使用专用间谍器材,会被依法处罚,严重者会被依法追究刑事责任。

15 公民和组织发现间谍行为，应当如何处理？

答：公民和组织发现间谍行为有举报的义务。任何公民和组织发现间谍行为，应当及时向国家安全机关举报，对于向国家安全机关举报可能影响举报及时性的，也可向公安机关以及其他国家机关或组织举报，相关国家机关、组织应当立即移送国家安全机关处理。

发现间谍行为包括两方面的内容：一是公民和组织自己发现有人实施间谍行为的情况；二是听到他人述说看见或听见有人实施间谍行为的情况。对于这两种情况公民和组织都应及时向有关部门举报。"间谍行为"，是指《反间谍法》第4条规定的下列行为：（1）间谍组织及其代理人实施或者指使、资助他人实施，或者境内外机构、组织、个人与其相勾结实施的危害中华人民共和国国家安全的活动；（2）参加间谍组织或者接受间谍组织及其代理人的任务，或者投靠间谍组织及其代理人；（3）间谍组织及其代理人以外的其他境外机构、组织、个人实施或者指使、资助他人实施，或者境内机构、组织、个人与其相勾结实施的窃取、刺探、收买、非法提供国家秘密、情报以及其他关系国家安全和利益的文件、数据、资料、物品，或者策动、引诱、胁迫、收买国家工作人员叛变的活动；(4) 间谍组织及其代理人实施或者指使、资助他人实施，或者境内外机构、组织、个人与其相勾结实施针对国家机关、涉密单位或者关键信息基础设施等的网络攻击、侵入、干扰、控制、破坏等活动；(5) 为敌人指示攻击目标；(6) 进行其他间谍活动。公民和组织发现间谍行为，应当及时向国家安全机关举报，不要拖延时间，抓紧时间举报，以免延误时间给国家和人民利益造成严重损失。

国家的安全稳定离不开每个公民的维护，在国家安全和利益面前，每个公民都不是"局外人"。间谍行为直接影响国家的政权和社会主义制度，损害人民的根本利益。与间谍行为作斗争，既是公民维护自己根本利益的需要，也是其维护国家利益应尽的义务。每个公民都应当自觉维护国家利益，发现间谍行为应当及时向国家安全机关举报，为国家安全机关侦破案件提供线索。举报的形式可以是多样的，有关单位和个人可以亲自到有关部门举报，也可以通过信件、邮件、电话、网络平台等方式举报；举报可以口头提出，也可以书面提出；举报可以实名，也可以匿名。根据《公民举报危害国家安全行为奖励办法》第 4 条规定，公民向国家安全机关举报的方式包括：(1) 拨打国家安全机关 12339 举报受理电话；(2) 登录国家安全机关互联网举报受理平台网站 www.12339.gov.cn；(3) 向国家安全机关投递信函；（4）到国家安全机关当面举报；（5）通过其他国家机关或者举报人所在单位向国家安全机关报告；（6）其他举报方式。

16 | 国家安全机关、公安机关等其他国家机关、组织接到关于有间谍行为的举报，应当如何处理？

答：根据《反间谍法》第16条的规定，公民和组织发现间谍行为，可以向国家安全机关和公安机关等其他国家机关、组织举报。接受举报的单位主要有两类：一类是国家安全机关。《反间谍法》第6条第1款规定，国家安全机关是反间谍工作的主管机关。公民和组织发现间谍行为时，首先应当及时向国家安全机关举报。国家安全机关包括国家安全部、省级及省级以下国家安全厅、国家安全局、国家安全分局等。另一类是公安机关等其他国家机关、组织。有的公民和组织对国家安全机关不了解，或者找不到国家安全机关，因此，其可以向公安机关或其他国家机关、组织举报，接受公民和组织举报的机关或组织，应当将案件立即移送国家安全机关处理。其他国家机关是除国家安全机关以外的从事国家管理和行使国家权力的机关，包括国家权力机关、行政机关、监察机关、检察机关、审判机关和军事机关。如各级人民代表大会，各级人民政府，各级人民法院、人民检察院、司法行政等部门。接受举报组织既包括公民所在的单位，也包括所在地的基层组织，如居民委员会、村民委员会等。

第一，国家安全机关接受举报后应当依法处理并为举报人保密。一是依法及时处理举报信息。要求国家安全机关严格依照法律相关规定及法律处理程序等进行审查、汇报、核实、移交、处置等，并且在规定的处理期限内完成。不依法处理或怠于处理举报信息可能构成违规甚至违法，问题严重的还可能构成职务犯罪。二是为举报人保守秘密。保护举报人的人身财产安全，这是国家安全机关应有的职责。根据有关规定，国家安全机关应当严格为举报人保密，并依法监督知情的其他组织和个人严格为举报人保密，未经举报人同意，不得以任何方式泄露举报人身份相关信息。因举报危害国家安全行为，举报人本人或者其近亲属的人身安全面临危险的，可以向国家安全机关请求予以保护。国家安全机关应当会同有关部门依法采取有效保护措施。国家安全机关认为有必要的，应当依职权及时、主动采取保护措施。

第二，公安机关等其他国家机关、组织接受举报后应当立即移送国家安全机关处理。《反间谍法》第6条规定，国家安全机关是反间谍工作的主管机关。公安、保密等有关部门和军队有关部门按照职责分工，密切配合，加强协调，依法做好有关工作。这样规定，是考虑到国家安全机关在调查间谍行为案件时具有一定的专业性，相关国家机关或有关组织接到关于间谍行为的举报后应当立即移送国家安全机关处理。国家安全机关接到案件后,应当按照《反间谍法》和《刑事诉讼法》的有关规定进行立案、调查、侦查。对于不构成犯罪的,由国家安全机关依照有关规定予以处理。

17 反间谍安全防范重点单位的管理制度包括哪些内容?

答:《反间谍法》第17条规定,国家建立反间谍安全防范重点单位管理制度。反间谍安全防范重点单位应当建立反间谍安全防范工作制度,履行反间谍安全防范工作要求,明确内设职能部门和人员承担反间谍安全防范职责。

反间谍安全防范工作中十分重要的是对安全防范重点单位的管理。"反间谍安全防范重点单位",一般包括重要国家机关、国防军工单位和其他重要涉密单位以及重要军事设施的管理单位等。国家安全机关根据单位性质、所属行业、涉密等级、涉外程度以及是否发生过危害国家安全案事件等因素,会同有关部门制定并定期调整反间谍安全防范重点单位名录。

反间谍安全防范重点单位的管理制度包括:第一,建立反间谍安全防范工作制度。反间谍安全防范重点单位应当根据法律法规的有关要求、本单位工作的实际需要以及防范泄密风险等,制定本单位安全防范相关制度,便于工作人员遵守执行。第二,履行反间谍安全防范工作要求。按照法律法规的规定以及本单位制定的相关制度，认真开展反间谍安全防范工作，坚持人防、物防、技防相结合，严格遵守法定权限和程序，尊重和保障人权，保护公民、组织的合法权益。人防方面，反间谍安全防范重点单位应当加强对工作人员反间谍安全防范的教育和管理，对离岗离职人员脱密期内履行反间谍安全防范义务的情况进行监督检查。物防方面，反间谍安全防范重点单位应当加强对涉密事项、场所、载体等的日常安全防范管理，采取隔离加固、封闭管理、设置警戒等反间谍物理防范措施。技防方面，反间谍安全防范重点单位应当按照反间谍技术防范的要求和标准，采取相应的技术措施和其他必要措施，加强对要害部门部位、网络设施、信息系统的反间谍技术防范。第三，明确内设职能部门和人员承担反间谍安全防范职责。反间谍安全防范重点单位除履行落实反间谍安全防范主体责任外，还应当在本单位内部确定专门从事反间谍安全防范工作的机构和人员。

需要注意的，一是在确定反间谍安全防范重点单位及对反间谍安全防范重点单位的管理中，要避免泄露反间谍安全防范重点单位名单以及给反间谍安全防范重点单位造成不利影响。实践中，国家安全机关一般根据单位性质、所属行业、涉密等级、涉外程度以及是否发生过危害国家安全案事件等因素，会同有关部门制定并定期调整反间谍安全防范重点单位名录。这些单位往往覆盖一些重要国家机关、国防军工单位和其他重要涉密单位以及重要军事设施的管理单位等，有的涉密程度较高，如果将这些重点单位名单泄露，将与反间谍安全防范的初衷相背离,对党和国家安全造成危害,有关机关务必在实际工作中做好保密工作,避免对反间谍安全防范重点单位造成不利影响,导致安全风险。

二是关键信息基础设施的反间谍安全防范也应当引起重视。关键信息基础设施,有的属于反间谍安全防范重点单位,有的不属于反间谍安全防范重点单位。实践中,对于属于反间谍安全防范重点单位的,有关方面采取严格的管理措施,但对于不属于反间谍安全防范重点单位的,有的地方安全防范保障能力仍有待加强。一是制度方面,一些重点行业、单位反间谍技术防范、保密管理等制度不健全,互联网等重点行业存在监管漏洞;有的国防军工单位、民营企业在推进军民融合过程中的离职涉密人员脱密期管理存在漏洞。二是设施方面,一些地方保密设施配备不到位,办公设备国产化替代未完全普及。三是人员方面,保密、网络等专门力量配备不足,一些网络安全岗位配置偏弱,对于网络空间窃密等难以第一时间发现和预警。关键信息基础设施是境外敌对势力攻击的重点领域,有关方面应当按照《关键信息基础设施安全保护条例》和有关法律、行政法规的规定以及国家标准的强制性要求,在网络安全等级保护的基础上,采取技术保护措施和其他必要措施来应对网络安全事件,防范网络攻击和违法犯罪活动,保障关键信息基础设施安全稳定运行,维护数据的完整性、保密性和可用性。

18 | 反间谍安全防范重点单位应当如何加强对工作人员反间谍安全防范的教育和管理？

答：《反间谍法》第 18 条规定，反间谍安全防范重点单位应当加强对工作人员反间谍安全防范的教育和管理，对离岗离职人员脱密期内履行反间谍安全防范义务的情况进行监督检查。反间谍安全防范重点单位"工作人员"包括在涉密岗位工作的人员和不在涉密岗位工作的人员。根据《保守国家秘密法》的规定，在涉密岗位工作的人员，即涉密人员，按照涉密程度分为核心涉密人员、重要涉密人员和一般涉密人员。不在涉密岗位工作的人员，包括从事管理工作、业务工作、事务性工作的人员，也包括物资保障人员、保洁人员、外聘人员等。

反间谍安全防范重点单位除落实反间谍安全防范主体责任外，还应当加强对工作人员的反间谍安全防范教育和管理，包括明确本单位相关机构和人员承担的反间谍安全防范职责；加强对涉密事项、场所、载体、数据、岗位和人员的日常安全防范管理，对涉密人员实行上岗前反间谍安全防范审查，与涉密人员签订安全防范承诺书；组织涉密、涉外人员向本单位报告涉及国家安全的事项，并做好数据信息动态管理；做好涉外交流合作中的反间谍安全防范工作，制定并落实有关预案措施；做好本单位出国（境）团组、人员和长期驻外人员的反间谍安全防范行前教育、境外管理和回国（境）访谈工作；定期对涉密、涉外人员开展反间谍安全防范教育、培训。

针对涉密人员，反间谍安全防范重点单位应当建立健全涉密人员管理制度，明确涉密人员的权利、岗位责任和要求，对涉密人员履行职责情况开展经常性的监督检查。反间谍安全防范重点单位应及时了解和掌握涉密人员思想状况和工作表现，对涉密人员遵守保密制度情况开展经常性检查，对涉密人员履行职责情况进行考核。涉密人员上岗前应当对其进行保密教育培训，使其掌握保密知识技能，签订保密承诺书，严格遵守保密规章制度，不得以任何方式泄露国家秘密。涉密人员出境应当经有关部门批准，有关机关认为涉密人员出境将对国家安全造成危害或者对国家利益造成重大损失的，不得批准出境。

根据《保守国家秘密法》等的有关规定，涉密人员离岗离职实行脱密期管理。涉密人员在脱密期内，应当按照规定履行保密义务，不得违反规定就业，不得以任何方式泄露国家秘密；涉密人员离岗的，脱密期管理由本机关、本单位负责。涉密人员离开原涉密单位，调入国家机关和涉密单位的，脱密期管理由调入单位负责；属于其他情况的，由原涉密单位、保密行政管理部门或者公安机关负责。

19 | 反间谍安全防范重点单位如何加强物理防范措施？

答：《反间谍法》第19条规定，反间谍安全防范重点单位应当加强对涉密事项、场所、载体等的日常安全防范管理，采取隔离加固、封闭管理、设置警戒等反间谍物理防范措施。"涉密事项、场所、载体等"是日常安全防范管理的对象，"隔离加固、封闭管理、设置警戒"等物理性措施是日常安全防范管理采取的手段。

这里所说的"隔离加固、封闭管理、设置警戒"都是通过实体，如隔离带、房屋外墙、警戒线等物理措施，对"涉密事项、场所、载体等"从物理层面实现硬隔离，达到外部人员无法进行物理性接触的反间谍安全防范的效果，与技术措施、人员管理措施并列，成为反间谍安全防范重点单位实现反间谍安全防范的重要举措。"隔离加固、封闭管理、设置警戒"往往都是组合使用。

相较于涉密事项、场所，涉密载体包括以文字、数据、符号、图形、图像、声音等方式记载涉密信息的纸介质、光介质、电磁介质等各类物品。纸介质涉密载体是指传统的纸质涉密文件、资料、书刊、图纸等。光介质涉密载体是指利用激光原理写入和读取涉密信息的存储介质,包括CD、VCD、DVD等各类光盘。电磁介质涉密载体包括电子介质和磁介质两种类型。电子介质涉密载体是指利用电子原理写入和读取涉密信息的存储介质,包括各类优盘、移动硬盘等;磁介质涉密载体是指利用磁原理写入和读取涉密信息的存储介质,包括硬磁盘、软磁盘、磁带等。国家秘密载体以及属于国家秘密的设备、产品的明显部位应当标注国家秘密标志。国家秘密标志应当标注密级和保密期限。国家秘密的密级和保密期限发生变更的,应当及时对原国家秘密标志作出变更。无法标注国家秘密标志的,确定该国家秘密的机关、单位应当书面通知知悉范围内的机关、单位和人员。国家秘密载体按照不同密级,具有不同的管理方式。绝密级涉密载体涉及国家核心秘密,一旦泄露将会对国家安全和利益造成特别严重损害。按照保密管理规定的要求,绝密级涉密载体的保密管理,在保存、管理、复制、摘抄、收发、传递和外出携带等关键环节,必须采取更为严格的管理措施。

20 | 反间谍安全防范重点单位如何加强反间谍技术防范措施？

答：《反间谍法》第20条规定，反间谍安全防范重点单位应当按照反间谍技术防范的要求和标准，采取相应的技术措施和其他必要措施，加强对要害部门部位、网络设施、信息系统的反间谍技术防范。反间谍技术防范措施是为防范间谍行为而采取的各种技术防范措施。根据《反间谍安全防范工作规定》，反间谍安全防范重点单位应当加强本单位反间谍安全防范管理，落实有关安全防范措施，按照反间谍技术安全防范标准，配备必要的设备、设施，落实有关技术安全防范措施。

反间谍安全防范重点单位需要从以下方面加强对要害部门部位、网络设施、信息系统的反间谍技术防范：

一是在技术防护措施配备方面，要按照国家保密标准强制配备保密技术防护设备，提高防护水平。对使用的信息设备，要进行保密技术检查检测，特别是进口设备和产品，应事先进行安全技术检查。禁止使用无绳电话和手机，未经批准不得携带有录音、录像、拍照、信息存储等功能的设备。

二是在要害部门部位防护方面，反间谍安全防范重点单位应当将涉及绝密级或者较多机密级、秘密级国家秘密的机构确定为保密要害部门，将集中制作、存放、保管国家秘密载体的专门场所确定为保密要害部位，按照反间谍技术防范标准配备、使用必要的技术防护设施、设备。保密要害部门、部位具有涉密程度深，涉密人员、涉密载体集中等特点，是境外间谍情报机关的重要关注对象，是反间谍安全防范的重点，因此管理要求高、难度大。

三是在网络设施、信息系统的技术防范措施方面，针对网络设施、信息系统，需要及时防范网络攻击和违法犯罪活动，采取技术保护措施和其他必要措施应对网络安全事件，保障反间谍安全防范重点单位网络设施及信息系统安全稳定运行，维护数据的完整性、保密性和可用性。为应对网络泄密等风险，反间谍安全防范重点单位在落实一般性的涉密信息系统防护标准基础上，按照反间谍技术防范标准，针对境外"窃密"活动的特殊方式方法，有针对性地建设技术防范设备设施，检查、修补网络设施及信息系统技术漏洞，加强对网络可疑行为监测的预警。

21 什么是涉及国家安全事项的建设项目许可？

答：《反间谍法》第 21 条第 1 款规定，在重要国家机关、国防军工单位和其他重要涉密单位以及重要军事设施的周边安全控制区域内新建、改建、扩建建设项目的，由国家安全机关实施涉及国家安全事项的建设项目许可。

长期以来，境外情报机构和各种敌对势力对我进行窃密、干扰、破坏的主要目标是我国的重要国家机关、国防军工单位和其他重要涉密单位以及重要军事设施。这些重要目标周边的建筑物、建筑工程或者建设项目常常成为实施间谍行为的组织和个人的首要选择，不仅便于开展观察、窃密等间谍活动，实现危害我国国家安全的目的，而且便于长期掩饰和潜伏，掩盖危害我国国家安全的事实和证据。通过不断总结反间谍斗争的经验和教训，必须制度性开展重点目标周围的建设项目的国家安全审查，以降低发生间谍活动的风险。

世界多数国家都以不同方式对其国家机关、军事设施、国防军工单位等周围的建设项目、房地产业务等设置了国家安全审查。《国家安全法》第 59 条规定，国家建立国家安全审查和监管的制度和机制，对涉及国家安全事项的建设项目，以及其他重大事项和活动，进行国家安全审查，有效防范和化解国家安全风险。因此，涉及国家安全事项的建设项目许可实质是一种国家安全审查。

我国建设项目的国家安全审查，采取的是国家机关行政许可的方式，需要由国家机关准许开展该项活动。建设项目广泛地涉及人民群众的生产生活，采取行政许可方式较为符合我国的国情，能够统筹发展和安全，也有利于人民群众更好地规划和开展建设项目。根据本条的规定，如果在安全控制区域内新建、改建、扩建建设项目，需要由相关国家机关按照法定条件、程序进行批准。未经批准新建、改建、扩建建设项目的，属于违法行为。

涉及国家安全事项的建设项目许可还需要按照《行政许可法》规定的程序、要求执行。对于公民、法人等依法申请涉及国家安全事项的建设项目许可的，审批机关需要依照法律规定的申请方式、受理条件、工作时限等开展审查工作并作出决定。公民、法人等也可以通过《反间谍法》《行政许可法》等相关法律对行政许可工作进行监督，依法寻求救济，以保障自身的合法权益。

22 | 哪些建设项目需要进行涉及国家安全事项的建设项目许可？由哪个部门负责？

答：《反间谍法》第21条第1款规定，在重要国家机关、国防军工单位和其他重要涉密单位以及重要军事设施的周边安全控制区域内新建、改建、扩建建设项目的，由国家安全机关实施涉及国家安全事项的建设项目许可。该条第4款规定，涉及国家安全事项的建设项目许可的具体实施办法，由国务院国家安全主管部门会同有关部门制定。

根据本条的这两款规定，需要进行涉及国家安全事项的建设项目许可的建设项目，要满足以下两个条件：

第一，建设项目要在安全控制区域内。这里的安全控制区域是国家安全机关会同有关单位，根据重要国家机关、国防军工单位和其他重要涉密单位以及重要军事设施周边反间谍安全防范的需要划定的一定地理范围。如果建设项目在安全控制区域内，就需要向国家安全机关申请涉及国家安全事项的建设项目审查；如果建设项目在安全控制区域外，一般认为危险性不大，不需要申请该项许可。当行为人拟开展建设项目时，在进行建筑领域相关的行政审批的过程中，被通知需要申请涉及国家安全事项的建设项目审查的，则该建设项目就属于在安全控制区域内的建设项目。

第二，建设项目只限于"新建、改建、扩建建设项目"。"新建、改建、扩建"涵盖了一般建筑物的建设性质和状态，既包含从无到有的新建项目，也包括不超过现有建筑框架基础的翻新改建，还包括对现有建筑作扩大、扩张建设的扩建。只要是在安全控制区域内新建、改建、扩建建设项目，就涉及国家安全事项的建设项目许可。需要注意的是，建设项目进行的是其他施工，不是为了新建、改建、扩建的，例如是为了拆除现有建筑物而进行施工，不再开展任何新建、改建、扩建工程的，无须进行涉及国家安全事项的建设项目许可。

根据《反间谍法》第21条第1款和第4款的规定，涉及国家安全事项的建设项目许可由国家安全机关负责。《法律、行政法规、国务院决定设定的行政许可事项清单（2023年版）》规定，"涉及国家安全事项的建设项目审批"具体的实施机关是设区的市级国家安全机关。

23 什么是安全控制区域？如何划定安全控制区域？

答：《反间谍法》第21条第3款规定，安全控制区域的划定应当统筹发展和安全，坚持科学合理、确有必要的原则，由国家安全机关会同发展改革、自然资源、住房城乡建设、保密、国防科技工业等部门以及军队有关部门共同划定，报省、自治区、直辖市人民政府批准并动态调整。

安全控制区域是国家安全机关会同有关单位，根据重要国家机关、国防军工单位和其他重要涉密单位以及重要军事设施周边反间谍安全防范的需要划定的一定地理范围。

安全控制区域的划定，需要满足以下三个条件：

第一，安全控制区域的划定要统筹发展和安全，坚持科学合理、确有必要的原则。建设项目与人民群众的生产生活息息相关，因此安全控制区域的划定应当统筹好发展和安全，不能为了发展不顾安全，也不能为了安全完全限制和制约发展。划定安全控制区域还应当抓重点、保核心，如果重要保护目标未被纳入安全控制区域内，导致建设项目的国家安全审查存在监管漏洞，就属于划定的安全控制区域不合理。此外，划定安全控制区域需要科学规划、精确测量，避免简单化和扩大化，如果过大划定安全控制区域，不仅会造成公民、组织生产生活的不便，而且容易降低国家安全机关对重点保护目标的保护能力，削弱保护强度。

第二，要由国家安全机关会同发展改革、自然资源、住房城乡建设、保密、国防科技工业等部门以及军队有关部门共同划定。安全控制区域的划定，不可能由国家安全机关单独划定，还需要其与其他单位共同研究，根据各有关单位的职责分工，科学合理、确有必要地划定安全控制区域。如果有需要，还可以增加其他需要共同研究的单位或者部门。

第三，划定的安全控制区域需要报省、自治区、直辖市人民政府批准并动态调整。安全控制区域的划定明确了较高的审批层级，即省、自治区、直辖市人民政府。省、自治区、直辖市人民政府需要考虑各方面因素，认真审慎地划定安全控制区域。同时，要根据重点保护单位、辖区范围内的建设项目的情况和变化，对划定的安全控制区域进行动态调整，及时将需要保护的重点对象纳入保护范围，并且将不需要纳入安全控制的区域予以排除。

24 | 地方各级人民政府在编制国民经济和社会发展规划、国土空间规划等有关规划时，在反间谍工作方面应注意什么？

答：《反间谍法》第21条第2款规定，县级以上地方各级人民政府编制国民经济和社会发展规划、国土空间规划等有关规划，应当充分考虑国家安全因素和划定的安全控制区域，征求国家安全机关的意见。

根据本款规定，涉及建设项目的国家安全审查需要在编制规划时就予以考虑，提前研究并控制风险。地方各级人民政府在编制国民经济和社会发展规划、国土空间规划等有关规划时要考虑以下两个因素：

第一，要充分考虑"国家安全因素"，主要涉及因建设项目而产生的国家安全风险和隐患，而不是其他国家安全风险和隐患。出于多种情况和问题，有些地方一时无法划定安全控制区域的，地方各级人民政府在编制相关规划时就需要考虑因建设项目而产生的国家安全风险和隐患。

第二，要充分考虑"划定的安全控制区域"，即在重要国家机关、国防军工单位和其他重要涉密单位以及重要军事设施周边划定的一定范围。安全控制区域已经划定的，可以在制定各项规划时直接落实。如果对安全控制区域作出动态调整，相关规划也应及时作出调整。安全控制区域的划定和调整，应当及时完成并落实在规划中，使相关规划具有较高稳定性，并为公民和组织开展与建设项目相关的生产生活提供参照。

此外，地方各级人民政府在编制相关规划的工作中，充分考虑国家安全因素和划定的安全控制区域时，应当征求国家安全机关的意见，保证建设项目的国家安全审查事项在规划阶段落地落实。

还需要注意的是，地方各级人民政府编制国民经济和社会发展规划、国土空间规划，这两项法律明确规定的带有总纲性、总图性的规划以外，还有一些具体项目、具体目标、具体地区的细项规划，如城镇开发边界规划、地下空间规划等，也要根据实际情况，充分考虑国家安全因素和划定的安全控制区域，征求国家安全机关的意见。

25 | 对反间谍技术防范措施存在安全隐患的单位，国家安全机关应如何处置？

答：《反间谍法》第22条规定，国家安全机关根据反间谍工作需要，可以会同有关部门制定反间谍技术防范标准，指导有关单位落实反间谍技术防范措施，对存在隐患的单位，经过严格的批准手续，可以进行反间谍技术防范检查和检测。实践中，有的单位不重视反间谍技术防范工作，其相关设备、设施、有关防范间谍行为的措施等会存在一定漏洞，有可能被利用实施窃密等间谍行为，给间谍行为人留下可乘之机，一旦发生间谍窃密等行为，损失往往难以估量，因此法律赋予国家安全机关反间谍技术防范检查和检测的职权。对反间谍技术防范措施存在安全隐患的单位，经过严格的批准手续，国家安全机关可以进行反间谍技术防范检查和检测。

对于反间谍技术防范检查和检测，国家安全机关需要按照国家有关规定严格地履行相应的审批程序，不能不经审批擅自实施。根据《反间谍安全防范工作规定》，国家安全机关对有下列情形之一的，经设区的市级以上国家安全机关负责人批准，并出具法律文书，可以对机关、团体、企业事业组织和其他社会组织开展反间谍安全防范检查：（1）发现反间谍安全防范风险隐患；（2）接到反间谍安全防范问题线索举报；（3）依据有关单位的申请；（4）因其他反间谍安全防范工作需要。国家安全机关开展反间谍技术防范现场检查检测时，检查人员不得少于两人，并应当出示相应证件。

国家安全机关可以采取下列方式开展反间谍技术防范检查检测：（1）进入有关单位、场所，进行现场技术检查；（2）使用专用设备，对有关部位、场所、链路、网络进行技术检测；（3）对有关设备设施、网络、系统进行远程技术检测。国家安全机关开展远程技术检测，应当事先告知被检测对象检测时间、检测范围等事项。检查检测人员应当制作检查检测记录，如实记录检查检测情况。国家安全机关在开展反间谍技术防范检查检测中，为防止危害发生或者扩大，可以依法责令被检查对象采取技术屏蔽、隔离、拆除或者停止使用相关设备设施、网络、系统等整改措施，指导和督促有关措施的落实，并在检查检测记录中注明。国家安全机关可以根据反间谍安全防范检查情况，向被检查单位提出加强和改进反间谍安全防范工作的意见和建议，督促有关单位落实反间谍安全防范责任和义务。

保密要害部门部位的技术防护措施落实后，还需与国家安全机关的反间谍技术防范检查检测工作相配合。环境检查、技术检查，可以发现新的潜在的漏洞和隐患，也可以检验目前的防护措施是否存在"损耗",以便及时采取补救技术措施,增强动态防护能力。如定期检查保密要害部门部位外围环境变化,如墙体、门、窗等是否存在物理安全隐患;相关门禁、监控、屏蔽装备是否运作良好。保密要害部门部位存在被人为放入窃听、窃照装置的风险,需要定期对其进行保密技术检查。如通过专业设备扫描电磁信号,检查是否存在无线窃密装置等可疑部件。另外,开展技术检查时,也不能忽视互联网链接、移动存储介质等的使用情况,应全面加强防范,减少保密要害部门部位的泄密隐患。

三、对间谍行为的调查处置

26 国家安全机关在反间谍工作中行使哪些职权？

答：国家安全机关在反间谍工作中依法行使《反间谍法》和有关法律规定的职权。

第一，国家安全机关在反间谍工作中依法行使行政性的职权。这部分职权主要是指《反间谍法》第三章调查处置规定的相关职权，包括查验身份证明、问询有关情况、查看随带物品，查验电子设备、设施及有关程序、工具，查阅、调取有关文件、数据、资料、物品，传唤违法行为人，检查人身、物品、场所，查询相关财产信息，查封、扣押、冻结相关场所、设施或者财物，限制相关人员出境和入境，依法对网络信息内容和网络攻击等风险进行处置，对相关人员采取技术侦察措施和身份保护措施，对间谍犯罪行为立案侦查等。行政性职权除了《反间谍法》规定的以外，还包括国家安全机关在履行反间谍工作职责时根据《人民警察法》《邮政法》《出境入境管理法》《保守国家秘密法》《人民武装警察法》《护照法》《数据安全法》等规定依法行使的相应职权。

第二，国家安全机关在反间谍工作中还依法行使办理刑事案件的职权。《刑事诉讼法》第4条规定："国家安全机关依照法律规定，办理危害国家安全的刑事案件，行使与公安机关相同的职权。"国家安全机关依法办理刑事案件的职权主要指《刑事诉讼法》《国家安全法》等规定的侦查、拘留、预审、执行逮捕等。《刑事诉讼法》中对侦查、拘留、预审、执行逮捕的条件、程序、要求等都作了具体规定，国家安全机关行使侦查、拘留、预审和执行逮捕等职权必须严格依照《刑事诉讼法》等有关法律的规定，不得因所承担任务的特殊性而违反法律规定的程序、超越法律规定的职权。

27 | 国家安全机关工作人员在执行反间谍工作任务时，如何进行查验和问询？

答：《反间谍法》第24条规定，国家安全机关工作人员依法执行反间谍工作任务时，依照规定出示工作证件，可以查验中国公民或者境外人员的身份证明，向有关个人和组织问询有关情况，对身份不明、有间谍行为嫌疑的人员，可以查看其随带物品。在反间谍工作中，查验身份证明是国家安全机关做好反间谍工作的实际需要。应当注意的是，国家安全机关的工作人员有权"查验"身份证明，而不是扣留身份证明。身份证明包括居民身份证、军官证、士官证、士兵证、护照、有效签证、港澳居民来往内地通行证等可以证明身份的证件。

国家安全机关工作人员执行反间谍工作任务时的问询不同于《治安管理处罚法》《刑事诉讼法》等中的询问。问询相对询问，对象范围更广，问询有关个人和组织包括的不特定对象更多；问询相对询问程序更为简化，适用场景更为随机，执法过程更为随机；国家安全机关工作人员向有关组织和人员问询有关情况，既包括一般性地了解情况，也包括国家安全机关工作人员根据《刑事诉讼法》的规定调查间谍犯罪时的专门性初查、线索筛查等工作。

针对身份不明、有间谍行为嫌疑的人员，即国家安全机关工作人员在查验个人身份证明、问询相关情况时，其无法提供或有意隐瞒其真实姓名、住址信息等情况，导致国家安全机关工作人员无法确定其身份信息，其可能存在间谍违法犯罪事实或者有线索表明间谍行为与相关的，国家安全机关工作人员会进一步地检查核实以确定其是否存在间谍行为。

不同于间谍犯罪案件中的调查、搜查，国家安全机关所查看的物品，仅限于该特定人员本身随带的物品，如需进一步调查和搜查，国家安全机关应履行相应的审批手续。

任何组织和人员在国家安全机关工作人员查验身份证明、问询有关情况、查看随带物品时，都有义务积极配合，不得推诿拒绝。个人和组织如发现国家安全机关工作人员未依法查验身份证明、问询情况、查看随带物品，则可依法进行检举、控告以保障自己的合法权益。国家安全机关工作人员在执行反间谍工作任务，行使查验和问询的职权时，需要依照法律、行政法规以及国家安全部有关证件的管理、使用的规定出示工作证件。考虑到国家安全机关的工作人员在执行不同任务时所需要出示的证件可能有所不同，为便于实践中执行，法律明确规定必须出示工作证件。国家安全机关工作人员根据其工作任务，按照规定使用的有关证件,包括人民警察证、侦察证等。向有关组织和人员问询相关情况需要履行依照规定出示工作证件的程序,进一步严格了国家安全机关行使职权的要求,规范了国家安全机关工作人员的行为,防止权力滥用。

28 | 国家安全机关工作人员在执行反间谍工作任务时，如何查验电子设备、设施及有关程序、工具？

答：《反间谍法》第 25 条规定，国家安全机关工作人员依法执行反间谍工作任务时，经设区的市级以上国家安全机关负责人批准，出示工作证件，可以查验有关个人和组织的电子设备、设施及有关程序、工具。国家安全机关工作人员的查验主要针对个人和组织的电子设备、设施及有关程序、工具。"个人"包括中国公民和在中国境内的外国人、无国籍人等；"组织"既包括国内的机构、组织，也包括外国和境外地区在我国领域内设立的机构、组织，如中外合资企业、外资企业等。"电子设备、设施及有关程序、工具"是指由集成电路、电子管、晶体管等电子元件组成，应用电子技术、软件等发挥作用的设备、设施，其中包含应用的程序、软件工具等。这里的电子设备、设施主要指具有通信联络、信息传递等功能的电子设备、设施，例如复印机、打印机、传真机、计算机、固定或者移动电话、智能手环等，也包括其他普通的电子设备、设施。

对电子通信设备、设施进行检查，不可避免地会涉及组织和个人的合法权益。为保障组织和个人的合法权益，一是检查必须是在"依法执行反间谍工作任务时"进行。这就要求国家安全机关工作人员必须是正在执行反间谍调查、侦查或其他反间谍工作相关任务时才能对相关个人和组织的电子通信设备、设施等进行检查。二是国家安全机关行使该项职权必须"经设区的市级以上国家安全机关负责人批准"，未经批准或随机执法过程中不能行使此项职权，这样规定进一步严格规范了国家安全机关的执法行为，防止执法权被滥用和执法随意化。三是国家安全机关工作人员在执法过程中还应严格依照规定出示工作证件，最大限度地保障个人和组织的合法权益。

29 国家安全机关工作人员在查验有关个人和组织的电子设备、设施及有关程序、工具中发现存在危害国家安全情形的，应该如何处理？

答：根据《反间谍法》第 25 条，国家安全机关在查验个人和组织的电子设备、设施及有关程序、工具中发现存在危害国家安全情形的，国家安全机关应当责令其采取措施立即整改。拒绝整改或者整改后仍存在危害国家安全隐患的，可以予以查封、扣押。实践中有些组织和个人对反间谍工作不了解，对电子设备、设施及有关程序、工具本身存在的隐患或者因不适当地使用而存在的隐患不知情，经国家安全机关提醒后积极整改，使之消除隐患符合要求。但也存在有些组织和个人不配合国家安全机关工作，经责令整改后仍拒绝整改或整改后仍存在危害国家安全隐患的情况。为了保障国家安全，国家安全机关可以将有关的电子设备、设施及有关程序、工具进行查封、扣押，以消除隐患，防范间谍行为的发生。

查封、扣押相关设备、设施及有关程序、工具的目的是制止危害国家安全情形的发生，进而防范间谍行为。但查封、扣押行为属于行政强制措施，查封、扣押有关设备、设施及有关程序、工具不可避免地会对组织的正常运转、个人的正常通信造成不便，法律规定既要有利于专门机关行使职权，也要注意规范权力运行，因此，《反间谍法》规定，当危害国家安全的情形消除后，要及时地解除查封、扣押。这样在保障公权力行使的同时也能最大限度地维护组织和个人的合法权益，有利于争取社会方面理解和支持反间谍工作。

30 | 国家安全机关工作人员在执行反间谍工作任务时，如何查阅、调取文件、数据、资料、物品？

答：《反间谍法》第 26 条规定，国家安全机关工作人员依法执行反间谍工作任务时，根据国家有关规定，经设区的市级以上国家安全机关负责人批准，可以查阅、调取有关的文件、数据、资料、物品，有关个人和组织应当予以配合。查阅、调取不得超出执行反间谍工作任务所需的范围和限度。

第一，国家安全机关应当在依法执行反间谍工作任务时行使查阅、调取职责。一是依法。既包括《反间谍法》的规定，也包括《宪法》《刑法》《刑事诉讼法》《全国人民代表大会常务委员会关于国家安全机关行使公安机关的侦查、拘留、预审和执行逮捕的职权的决定》《居民身份证法》《保守国家秘密法》以及其他法律中有关国家安全的规定，还包括《反间谍法实施细则》等行政法规、规章中关于国家安全的规定。二是必须在执行反间谍工作任务时才能行使这些职权，为惩治间谍行为而开展各项工作。如果不是执行反间谍工作任务，国家安全机关就不能行使查阅、调取权力。

第二，在程序上，查阅、调取应当根据国家有关规定，经设区的市级以上国家安全机关负责人批准。这里的国家有关规定，既包括全国人民代表大会及其常务委员会制定的法律和决定，国务院制定的行政法规、规定的行政措施、发布的决定和命令，以及国务院所属的各部、委员会根据法律和行政法规制定的规范性文件，也包括《反间谍法》《刑事诉讼法》《行政处罚法》等法律、行政法规和国家安全机关颁布的规章中关于查阅、调取有关的文件、数据、资料、物品的规定。相关的文件、数据、资料、物品，会涉及公民个人信息和公司、企业的经营状况、商业秘密等。查阅、调取应当履行相应的审批手续，规范的办案程序。考虑到国家安全机关的机构设置和办理案件的需要，查阅、调取应当经设区的市级以上国家安全机关负责人批准。

第三，国家安全机关依法行使查阅、调取有关的文件、数据、资料、物品的权力，但不得超出执行任务所需的范围和限度。国家安全机关在依法执行反间谍工作任务时，对有关的文件、数据、资料、物品可以查阅，还可以根据反间谍工作的需要进行调取，作进一步分析，收集线索，固定证据。但国家安全机关在办理反间谍案件过程中需行使查阅、调取职权时，应当从准确查清案件事实的工作需要出发，在所需的范围和限度内查阅、调取与案件事实相关的文件、数据、资料、物品，不能任意扩大查阅、调取的范围，不能查阅、调取与案件无关的文件、数据、资料、物品，真正做到依法执行反间谍任务，维护国家安全，这也是依法行政、建设法治国家的重要一环。

31 | 什么是传唤？传唤需要具备什么条件？

答：国家安全机关在调查涉嫌间谍行为的案件时，需要向当事人询问和查证，有时需要当面核实案件的具体情况。为了准确及时地了解案件情况，收集证据，国家安全机关工作人员对现场发现的违反《反间谍法》的人员，可以口头通知违法行为人在规定的时间内到指定地点或者住所接受询问。如果不及时进行询问，就可能丧失最佳的取证时机。这种询问查证方式，就是传唤。

关于传唤的条件，《反间谍法》第 27 条第 1 款规定，需要传唤违反本法的人员接受调查的，经国家安全机关办案部门负责人批准，使用传唤证传唤。一是，需要传唤违反《反间谍法》的人员接受调查。办理反间谍案件的国家安全机关，根据执行反间谍任务需要，将有间谍行为嫌疑的人员或者其他违反《反间谍法》的人员传唤到其所在市、县内的指定地点或者其住所接受国家安全机关调查。二是，必须经国家安全机关办案部门负责人批准。由于传唤涉及对公民人身自由的限制，因此，必须在适用程序上加以严格规定。也就是说，只有国家安全机关办案部门确有需要，才能将违法行为人传唤到指定地点或者其住所进行调查，不是凡需要询问查证的都使用传唤的形式。只有经过该办案部门负责人的批准，才能对违反《反间谍法》的行为人进行传唤。在具体执行中，国家安全机关一般都规定有完备的审批制度，以防止传唤被滥用。三是，必须使用传唤证进行传唤。传唤证就是国家安全机关向被传唤人出示的正式书面传唤通知。这样规定，是为了防止传唤的随意性。

32 什么是口头传唤？口头传唤的条件是什么？

答：口头传唤，是指国家安全机关工作人员依照规定出示工作证件，对现场发现的违反《反间谍法》的人员进行询问查证的方式，应当在询问笔录中注明。

关于口头传唤的条件，《反间谍法》第27条第1款作了明确规定。一是，口头传唤的对象是现场发现的违反《反间谍法》的人员。实践中，对于有些是在现场发现的违反《反间谍法》的人员，再办理传唤证不符合办理案件的实际需要，因此，国家安全机关对其进行口头传唤以及时获取相关证据，防止证据的流失。因此，对现场发现的违反《反间谍法》的人员，可以进行口头传唤。二是，应当依照规定出示工作证件。实践中，国家安全机关工作人员在依法执行反间谍工作任务时，应当出示人民警察证、国家安全部侦察证或者其他相应证件。出示工作证件，表明国家机关工作人员身份，依法享有执法权限，同时可要求有关的单位和个人予以配合。口头传唤的目的是把握获取相关证据的最佳时机，但办案人员必须依照规定，出示工作证件，才能进行口头传唤。三是，进行口头传唤的，应当在询问笔录中注明。国家安全机关工作人员在询问笔录中要对违反《反间谍法》的人员进行口头传唤的情况进行书面说明。这是体现规范性的操作，防止现场口头传唤的随意性，也使口头传唤具有与使用传唤证传唤同样的法律效力，使口头传唤笔录正规化。

33 | 什么是强制传唤？什么情况下可以使用强制传唤？

答：强制传唤，是指国家安全机关在调查涉嫌间谍行为的案件时，依法向当事人询问、查证、核实案件的具体情况，对无正当理由拒不接受传唤或者逃避传唤的人，使用强制方式使其接受国家安全机关询问的方式。

关于强制传唤的条件，《反间谍法》第 27 条第 1 款作了明确规定。国家安全机关工作人员在传唤违反《反间谍法》的行为人时，如果被传唤人为了逃避责任，不愿接受国家安全机关的调查，在没有正当理由拒不接受传唤或者企图逃避传唤的情况下，国家安全机关可以采取强制方法进行传唤。国家安全机关对被传唤人使用强制方法，包括依照有关规定使用警械等强制方法将被传唤人带至被传唤人所在市、县内的指定地点接受国家安全机关的调查和询问。被传唤人逃避传唤，不接受国家安全机关调查的行为，是对执法秩序的破坏，是一种妨害执法的行为，在必要的时候对其采取强制传唤的方式，是为了保证法律得以贯彻执行。

34 | 在什么地点询问被传唤人？

答：关于在什么地点询问被传唤人，《反间谍法》第27条第2款作了明确规定，国家安全机关应当在被传唤人所在市、县内的指定地点或者其住所进行询问。

询问被传唤人，可以在国家安全机关进行，但为了方便人民群众，有利于工作的顺利进行，办案人员也可以将被传唤人传唤到其所在市、县内的指定地点或者其住所进行询问。所在市、县内的指定地点，主要是指被传唤人所在市、县的基层组织、国家安全机关办案场所等；住所，是指被传唤人在被传唤时所居住的地方。传唤地点的选择，以便于开展询问工作、方便人民群众为原则。需要注意的是，考虑到对被传唤人的影响，不宜在被传唤人所在的单位进行询问。一方面，传唤的目的是更好地了解案件情况，以正确认定行为性质和作出与其违法行为危害性相当的处罚。在最终对行为作出行政确认之前，不宜过于扩大知悉范围，应尽量降低对传唤人所在单位和其工作、生活的影响，避免给被传唤人造成不利影响。另一方面，单位要进行正常生产、经营，到被传唤人所在单位进行询问，一定程度上会影响单位的正常运营，所以应当避免在被传唤人所在的单位对其进行询问的情况。

35 对被传唤人进行询问查证有哪些要求？

答：《反间谍法》第 27 条第 3 款规定，国家安全机关对被传唤人应当及时询问查证。询问查证的时间不得超过八小时；情况复杂，可能适用行政拘留或者涉嫌犯罪的，询问查证的时间不得超过二十四小时。国家安全机关应当为被传唤人提供必要的饮食和休息时间。严禁连续传唤。

第一，传唤后要及时询问查证。传唤的目的是询问被传唤人，及时查明案件的事实。因此，被传唤人到达指定地点后或者在其住所，国家安全机关应当及时询问查证。在传唤之前，国家安全机关应当确定需要询问查证的内容，准备需要询问的问题，查找相关的材料，安排好询问人员，做好询问的准备。国家安全机关对被传唤人进行询问后，应当做好笔录。国家安全机关工作人员不能让被传唤人在到达指定地点后或者在其住所长时间等待，也不能在其到达后不予理睬或者拖延询问。传唤到指定地点或在其住所及时询问不仅可以提高工作效率，也可以体现国家安全机关严谨的工作作风，树立国家安全机关的办案权威。

　　第二，询问查证的时间。一是，询问查证的时间不得超过八小时。一般违法行为虽具有一定的社会危害性，但比起刑事案件，情节简单，容易查清。根据这些特点，国家安全机关应当尽可能在现场查证清楚，只有在必要的情况下，才使用传唤措施。《反间谍法》的规定参照了《刑事诉讼法》规定的传唤时间。一般来说，八小时是法律规定的公民每天的工作时间，传唤持续八个小时，可以满足国家安全机关传唤被传唤人的需要，且不会影响被传唤人的正常生活。二是，情况复杂，可能适用行政拘留或者涉嫌犯罪的，询问查证的时间不得超过二十四小时。这一规定对限制国家安全机关通过传唤任意限制公民的人身自由，保障公民的权利，发挥了积极作用。根据这一规定，适用上述第二种情形应当符合以下几项要求：（1）情况复杂。一般是指由于案件情况较为复杂，如违法行为人数量较多，涉及面较广，取证较为困难，或者一些特殊原因，导致国家安全机关在八小时之内无法结束询问的情况。（2）可能适用行政拘留或者涉嫌犯罪的，也就是说，被传唤人可能实施间谍行为，或者其他违反《反间谍法》的行为，根据《反间谍法》的有关规定，可能需要对其作出行政拘留处罚决定，或者根据行为性质、危害程度等，补充传唤人可能涉嫌犯罪的，才能延长传唤持续的时间。（3）询问查证的时间不能超过二十四小时。在被传唤人到达指定地点后或者在其住所询问，询问查证时间最长可以持续二十四小时，即不能超过二十四小时，而不是在询问八小时之后,再延长二十四小时。如果在询问八个小时之后,发现需要延长询问时间,国家安全机关最多可以再继续询问十六个小时。需要注意的是,国家安全机关对于情况复杂,需要延长询问查证时间的案件,应当根据案件的具体情况,延长必要的询问查证时间,如有的可能只需要延长几个小时即可,而不是每次都延长至二十四小时。

第三,为被传唤人提供必要的饮食和休息时间。实践中,存在国家安全机关及其办案人员由于传唤时间紧,在询问时采取连续方式,甚至不能保证被传唤人必要的饮食、休息和日常生活需求的现象。比如不允许被传唤人吃饭,不让被传唤人上厕所等,这样做严重侵犯了被传唤人的合法权益,因此增加了本款规定。在传唤持续的时间里,国家安全机关要保证被传唤人必要的饮食和休息时间。我国《刑事诉讼法》也有保障犯罪嫌疑人的饮食和必要休息时间的规定,第119条第3款规定,不得以连续传唤、拘传的形式变相拘禁犯罪嫌疑人。传唤、拘传犯罪嫌疑人,应当保证犯罪嫌疑人的饮食和必要的休息时间。

第四,严禁连续传唤。不能以连续传唤的方式限制行为人的人身自由。对于情况复杂,在二十四小时内仍不能询问清楚的,应当严格依照法律规定结束询问查证,以后可以再到被传唤人的住所进行询问,或再次依法对其进行传唤询问,但不能以连续传唤的方式长时间限制行为人的人身自由。传唤时间超过二十四小时或者采用多次传唤等方法变相延长询问时间的行为都是违法行为。

36 传唤是否需要通知家属？

答：关于通知被传唤人家属，《反间谍法》第27条第4款作了明确规定，除无法通知或者可能妨碍调查的情形以外，国家安全机关应当及时将传唤的原因通知被传唤人家属。在上述情形消失后，应当立即通知被传唤人家属。

第一，将传唤的原因通知被传唤人的家属。传唤在一定时间内限制了被传唤人的人身自由，应当让其家属知道被传唤人的具体情况。在一些特殊情况下，比如被传唤人年幼孩子或者家属疾病无人照料，或者其与家属在同一时间另有重要事务安排，如果不及时通知被传唤人家属，可能还会引发其他事件。因此，国家安全机关在传唤后应当及时将传唤的原因通知被传唤人的家属。这里的家属，不局限于其近亲属。通知被传唤人家属，可以是在向被传唤人送达传唤通知书时当场通知，也可以是在被传唤人到达指定地点后马上通知。通知可以采用书面形式，也可以通过电话形式。通知应当采用合理的、及时的方式，能使其家属尽快知道情况。由于传唤的时间较短，通知一般不宜采用邮寄或者委托他人通知的方式。

第二,不能通知家属的情形。通知被传唤人的家属是原则规定,要尽可能做到通知到位。一是无法通知。实践中可能存在不能知晓被传唤人的家属和其本人并无家属等特殊情况。二是可能妨碍调查的情形。涉及间谍行为的案件可能涉及国家秘密等特殊事项,通知家属后可能发生转移、销毁证据材料,引起同案人逃跑、自杀,导致无法查清案件事实或者相关信息泄露等情况,妨碍调查工作的顺利进行。存在上述两种情形的,国家安全机关可以根据询问查证的实际需要,不通知被传唤人家属。

第三,不能通知被传唤人家属的情形消失后,应当立即通知被传唤人的家属。在例外情形消失后,国家安全机关应当将传唤的原因通知被传唤人的家属,以便让被传唤人的家属了解被传唤人被传唤的相关情况。

37 | 在什么情况下,国家安全机关可以进行人身、物品、场所检查?

答:《反间谍法》第 28 条规定,国家安全机关调查间谍行为,经设区的市级以上国家安全机关负责人批准,可以依法对涉嫌间谍行为的人身、物品、场所进行检查。检查女性身体的,应当由女性工作人员进行。

国家安全机关对涉嫌间谍行为的人身、物品、场所进行检查,是发现案件线索,获得原始证据,顺利、及时、准确查明违法事实,查获违法行为人,作出正确处罚决定的重要保障。国家安全机关正式进入调查间谍行为阶段,可以依法对涉嫌间谍行为的人身、物品、场所进行检查。为了保证检查的顺利进行,应当做好必要的准备,比如,现场保护、证据保存、取样、人员通知、技术准备等。

第一,检查的具体范围。国家安全机关可以依法对涉嫌间谍行为的人身、物品、场所进行检查。涉嫌间谍行为,主要是指行为人涉嫌实施《反间谍法》第 4 条规定的间谍行为。检查涉嫌间谍行为的人身,包括检查涉嫌间谍行为的行为人的身体，是为了确定某些身体特征，也是为了查找能够证明行为人违法或者不违法的证据、材料等。物品，是指涉嫌实施间谍行为的工具及现场遗留物，包括行为人所拥有的照相器材、用于绘制地图的纸笔等或者其他涉嫌实施间谍行为所留下的痕迹。场所，是指涉嫌实施间谍行为的现场及其可能留有相关痕迹、物品等证据的地方。检查不能突破必要的范围，对与涉嫌间谍行为无关的场所、物品和人身不能进行检查。因此，在进行检查之前，为了保证检查工作的顺利进行，检查人员应当熟悉已有的案件材料，明确检查的人身、物品、场所范围，严格按照法律的规定进行检查。

第二，检查是国家安全机关的职权。国家安全机关根据行为人涉嫌实施间谍行为的情况和调查处理的需要，认为进行检查对查明案件情况和行为人有关行为、正确处理案件有必要的，有权决定进行检查。违法行为人以及与检查有关的人员有义务配合国家安全机关的检查。对于拒绝接受检查的人员，国家安全机关可以根据《反间谍法》的有关规定予以处罚；情节严重的，根据《刑法》的相关规定定罪处罚。

第三，在程序上，检查应当经设区的市级以上国家安全机关负责人批准。人身、物品和场所往往涉及公民基本的权利，比如，财产权、隐私权、人格尊严等，国家安全机关在检查时应当遵循相应的程序，履行相应的审批手续，规范办案程序防止对公民的这些合法权益造成非法侵害。考虑到国家安全机关的机构设置和办理案件的需要，对涉嫌间谍行为的人身、物品、场所进行检查,应当经设区的市级以上国家安全机关负责人批准。

第四,对女性身体进行检查适用特殊规定。检查女性的身体,应当由女性工作人员进行。女性工作人员,是指女性国家安全机关工作人员以及其他可以接受国家安全机关委托或者指定进行检查的女性工作人员,比如,女医师等。另外,在有见证人的情况下,见证人也应当是女性,男性以及与检查无关的人员不得在场。这一规定体现了对妇女权益的特殊保护。其意义主要有两点:一是有利于防止在检查过程中出现人身侮辱的违法行为,保护被检查人的人身权利和人格尊严;二是有利于防止在检查过程中出现不必要的误解,防止被检查人诬告陷害检查人员,以保障检查顺利进行和反间谍工作顺利开展。

38 在什么情况下，国家安全机关可以查询财产信息？

答：《反间谍法》第 29 条规定："国家安全机关调查间谍行为，经设区的市级以上国家安全机关负责人批准，可以查询涉嫌间谍行为人员的相关财产信息。"查询涉嫌间谍行为人的财产信息是国家安全机关线索核查的基础性调查措施，在进入调查间谍行为阶段后，国家安全机关通过查询财产信息，对涉嫌间谍行为人员是否存在间谍行为进行综合判定，查清涉嫌间谍行为人员的财产状况，调查了解清楚有无接受资金支持、资金来源和去向，有利于防止违法犯罪行为人转移赃款和证据，避免相关证据流失、销毁。国家安全机关应当全面查询涉嫌间谍行为人的财产信息，包括合法财产和非法财产，收集可以证明有无违法或者有罪、无罪、罪轻、罪重的财产信息。

关于国家安全机关查询财产信息的条件和程序。一是，查询财产信息的适用条件必须是国家安全机关调查间谍行为。"调查间谍行为"是指国家安全机关通过行使调查职权，查明涉嫌间谍行为人是否有间谍行为，也就是是否有参加间谍组织或者接受间谍组织及其代理人的任务，或者投靠间谍组织及其代理人等间谍行为。二是，在程序上，查询涉嫌间谍行为人员的相关财产信息，应当经设区的市级以上国家安全机关负责人批准。财产信息涉及公民个人信息和公司、企业的经营状况、商业秘密等。查询涉嫌间谍行为人员的相关财产信息，要履行相应的审批手续，规范办案程序。考虑到国家安全机关的机构设置和办理案件需要，查询财产信息应当经设区的市级以上国家安全机关负责人批准。

实践中，国家安全机关查询涉嫌间谍行为人员的相关财产信息主要包括：（1）金融资产。国家安全机关工作人员可以利用资金查控平台等有效手段查清涉案人员在各大商业银行的资金及关联的理财账户情况，支付宝、微信等电子支付账户及关联的理财账户情况，以及股票、债券、保单、票据、基金份额等有价证券账户及对应资金情况。（2）房屋等不动产。结合涉嫌间谍行为人员的居住地、主要活动地、单位所在地等信息，通过不动产登记和交易中心查清涉嫌间谍行为人员名下或虽登记在他人名下但可能属于涉嫌间谍行为人员实际拥有、实际控制、出资购买的土地、住宅、商铺、工业厂房等不同类型不动产的情况。（3）车辆等特殊动产信息。查询车辆登记、车辆卡口信息、保单记录、维修记录、违章处理等信息，结合外围调查，查清涉嫌间谍行为人员名下或虽登记在他人名下但可能属于涉嫌间谍行为人员实际拥有、实际控制、出资购买的汽车、船舶、航空器等高价值特殊动产情况。（4）股份期权。调阅工商登记、股东决议、纳税记录、交易流水、合同等信息，查明涉嫌间谍行为人员在公司、企业、厂矿等经济实体中的持股情况或虽登记在他人名下但可能属于涉嫌间谍行为人员实际拥有的股份情况。上述四类资产是主要的查询内容，但查询不限于上述资产，国家安全机关工作人员根据调查间谍行为的需要可以查询其他内容。

39 | 在什么情况下，国家安全机关可以采取查封、扣押、冻结措施？

答：《反间谍法》第30条规定："国家安全机关调查间谍行为，经设区的市级以上国家安全机关负责人批准，可以对涉嫌用于间谍行为的场所、设施或者财物依法查封、扣押、冻结；不得查封、扣押、冻结与被调查的间谍行为无关的场所、设施或者财物。"

国家安全机关采取查封、扣押、冻结措施的条件和程序如下：一是，查封、扣押、冻结的适用条件必须是国家安全机关调查间谍行为。这里的"调查间谍行为"是指国家安全机关通过行使调查职权，查明涉间谍行为人是否有《反间谍法》第4条规定的间谍行为，也就是是否有参加间谍组织或者接受间谍组织及其代理人的任务，或者投靠间谍组织及其代理人等间谍行为。二是，在程序上，进入调查间谍行为的程序后，需要经设区的市级以上国家安全机关负责人批准。查封、扣押、冻结措施对个人和组织的财产权益影响较大，需要慎重采取。三是，查封、扣押、冻结的对象是涉嫌用于间谍行为的场所、设施或者财物。这里所说的"涉嫌用于间谍行为的场所、设施或者财物",主要是指行为人将场所、设施、财物直接用于实施间谍行为,如使用窃听、窃照专用间谍器材实施窃取、刺探、收买国家秘密、情报等。用于间谍行为的"场所",主要是指实施间谍行为所使用的场地,如办公地点、住宅等;用于间谍行为的"设施",主要是指实施间谍行为所使用的设施,如窃听、窃照专用间谍器材、计算机、手机等电子设施;用于间谍行为的"财物",主要是指实施间谍行为所使用的财产和物品,如汽车、资金等。本条所说的"场所、设施或者财物",既包括本人直接用于间谍行为的场所、设施或者财物,也包括虽非本人直接用于间谍行为,但被用于为间谍行为提供支持、帮助的场所、设施或者财物,如为实施间谍行为人提供房屋、交通工具、通信器材、资金等。

40 采取查封、扣押、冻结措施有什么限制性要求？

答：《反间谍法》第 30 条规定："国家安全机关调查间谍行为，经设区的市级以上国家安全机关负责人批准，可以对涉嫌用于间谍行为的场所、设施或者财物依法查封、扣押、冻结；不得查封、扣押、冻结与被调查的间谍行为无关的场所、设施或者财物。"

根据本条规定，国家安全机关应当依法采取查封、扣押、冻结措施。这里所说的"查封"，是指国家安全机关对涉嫌用于间谍行为的财物或场所就地封存的强制措施；"扣押"，是指国家安全机关为防止实施间谍行为人员处分、转移财产而对涉案财产采取的扣留、保管的强制措施；"冻结"是指国家安全机关为防止实施间谍行为人员转移资金、抽逃资金而对涉案财产采取的限制其流动的一种强制措施。查封、扣押、冻结措施严重影响个人和组织的财产权益，必须依法进行。国家安全机关采取查封、扣押、冻结措施时，本法有规定的应当依照本法的规定执行，本法没有规定的，应当依照《行政强制法》

的规定执行。

不得查封、扣押、冻结与被调查的间谍行为无关的场所、设施或者财物。查封、扣押、冻结措施涉及个人、组织的财产权益，国家安全机关在调查间谍行为时，发现可以用来证明案件事实及涉嫌间谍行为的场所、设施、财物，可以采取查封、扣押、冻结措施。实践中，应当正确运用查封、扣押、冻结措施，谨慎采取相关措施，不得超越职权，随意扩大查封、扣押、冻结的范围，与案件无关的场所、设施、财物，不能作为证据使用，对其进行查封、扣押、冻结影响个人、组织财产权利的行使，因此，不得查封、扣押、冻结与被调查的间谍行为无关的场所、设施或者财物。

国家安全机关在查封、扣押、冻结涉案财物时，要严格履行本法和有关法律规定的程序，开具的清单要具体、完整、规范，要列明被查封、扣押、冻结涉案财物的情况。如果查明已经查封、扣押、冻结的财物与案件无关，应当按照相关规定，及时解除查封、扣押、冻结，并予以退还。同时依照《反间谍法》第62条的规定，国家安全机关对查封、扣押、冻结的财物，应当妥善保管，并按照下列情形分别处理：（1）涉嫌犯罪的，依照《刑事诉讼法》等有关法律的规定处理；（2）尚不构成犯罪，有违法事实的，对依法应当没收的予以没收，依法应当销毁的予以销毁；（3）没有违法事实的，或者与案件无关的，应当解除查封、扣押、冻结，并及时返还相关财物；造成损失的，应当依法予以赔偿。

41 | 国家安全机关履行反间谍调查处置职责时有哪些具体要求？

答：《反间谍法》第31条规定："国家安全机关工作人员在反间谍工作中采取查阅、调取、传唤、检查、查询、查封、扣押、冻结等措施，应当由二人以上进行，依照有关规定出示工作证件及相关法律文书，并由相关人员在有关笔录等书面材料上签名、盖章。国家安全机关工作人员进行检查、查封、扣押等重要取证工作，应当对全过程进行录音录像，留存备查。"

《反间谍法》第26条、第27条、第28条、第29条、第30条规定了国家安全机关在调查间谍行为时的查阅、调取、传唤、检查、查询、查封、扣押、冻结等权力。本条是对采取相关措施总的执法规范要求，既有对执法人数要求，同时也有程序性规范要求，如出示证件和文书，相关人员签章。对于重要的取证工作，还应当对全过程进行录音录像，留存备查。本条对执法过程作出具体规定，有利于指导办案实践，增强可操作性，同时要求录像留痕，有助于加强执法监督，产生执法纠纷时，明晰各方责任。

第一，国家安全机关工作人员在反间谍工作中采取查阅、调取、传唤、检查、查询、查封、扣押、冻结等措施，应当由二人以上进行，依照有关规定出示工作证件及相关法律文书，并由相关人员在有关笔录等书面材料上签名、盖章。

一是，采取措施应当由二人以上进行，这是行政合法性的要求，行政机关在调查或者进行检查时，执法人员不得少于两人。一方面，两人以上配合，便于开展工作；另一方面，执法人员相互监督制约，是对执法人员的一种保护性规定。

二是，依照有关规定出示工作证件及法律文书。出示工作证件，一方面可以表明国家安全机关工作人员身份，便于执法，要求有关单位和个人予以配合；另一方面也可以促进执法过程接受人民群众监督，依法规范文明执法。

三是，由相关人员在有关笔录等书面材料上签名、盖章。这里的"相关人员"，不仅包括办案人员，还包括被调查处置的对象。对于查封、扣押和冻结等措施，有见证人在场的，见证人也应当在相关手续上签名、盖章。

第二，国家安全机关工作人员进行检查、查封、扣押等重要取证工作，应当对全过程进行录音录像，留存备查。录音录像对推进司法公正，保证个人和组织合法权利，保证行政程序的合法化具有重要意义。录音录像不仅可以规范国家安全机关检查、查封、扣押等重要取证工作，保障涉嫌间谍行为人员的合法权利，也有利于固定和保存证据，防止办案人员被诬告，对办案人员自身也是一种保护。

需要注意的是，录音录像要保证录制质量符合取证标准。全过程的录音录像资料是重要的证据资料，在调查过程中发挥着重要作用。评判录音录像质量的一个很重要的标准就是录制的声音和图像是否清晰可辨，是否能作为扎实的证据，是否符合取证的标准和要求。以图像为例，录制的图像应当显示调查人员、被调查人及场景等情况，被调查人应在图像中全程显示，录制的图像应准确显示同步录像时间，该时间应与笔录上时间一致，确保同步录音录像的合法性、规范性。

42 个人和组织在国家安全机关调查了解有关情况时有什么义务？

答：《反间谍法》第 32 条规定："在国家安全机关调查了解有关间谍行为的情况、收集有关证据时，有关个人和组织应当如实提供，不得拒绝。"

为了保障国家安全机关对间谍行为的调查活动顺利进行，及时、准确、有力地打击间谍违法犯罪行为，每个了解情况的个人和组织，在国家安全机关向其调查取证时，都应当提供所知悉的情况和证据，不得以各种借口拒绝，更不得提供伪证。否则，可能会被追究相应的法律责任，严重者，可能会被追究刑事责任。有关个人和组织应当如实提供有关间谍违法犯罪行为的证据，不得拒绝，这是履行维护国家安全和利益的义务的体现。这不仅为国家安全机关调查取证提供了法律保障，也为教育知情者积极同间谍违法犯罪行为作斗争，认真履行作证义务，提供了法律依据。

国家安全机关"调查了解有关间谍行为的情况"，主要是指调查了解间谍行为及其有关情况。这种调查既包括立案前的一般调查，也包括立案后的调查询问。调查的方式和地点由国家安全机关根据实际情况确定，但必须注意对调查了解有关间谍行为的情况予以保密。有关个人和组织应当把所知悉和掌握的有关事实、材料，实事求是、毫不保留地提供给国家安全机关，既包括如实提供证人证言，也包括如实提供物证、书证、视听资料等证据。

我国相关法律明确了知情者有提供自己所了解的间谍行为的情况和证据的义务，也规定了不履行该义务的法律责任。对于拒绝作证的，会有两种法律后果，一是行政处罚；二是刑事处罚。根据《反间谍法》第60条的规定，明知他人有间谍犯罪行为，在司法机关向其调查有关情况、收集有关证据时，拒绝提供，构成犯罪的，依法追究刑事责任；尚不构成犯罪的，由国家安全机关予以警告或者处十日以下行政拘留，可以并处三万元以下罚款。这里所说的"构成犯罪的，依法追究刑事责任"是指根据《刑法》第311条拒绝提供间谍犯罪、恐怖主义犯罪、极端主义犯罪证据罪的规定，明知他人有间谍犯罪行为，在司法机关向其调查有关情况、收集有关证据时，拒绝提供，情节严重的，处三年以下有期徒刑、拘役或者管制。根据《刑法》第305条伪证罪的规定，在刑事诉讼中，证人、鉴定人、记录人、翻译人对与案件有重要关系的情节，故意作虚假证明、鉴定、记录、翻译，意图陷害他人或者隐匿罪证的，处三年以下有期徒刑或者拘役；情节严重的，处三年以上七年以下有期徒刑。根据《刑法》第310条窝藏、包庇罪的规定，明知是犯罪的人而为其提供隐藏住所、财物,帮助其逃匿或者作假证明包庇的,处三年以下有期徒刑、拘役或者管制;情节严重的,处三年以上十年以下有期徒刑。对与间谍行为有重要关系的情节,知情者不如实提供,故意作虚假证明,意图陷害他人或者隐匿罪证的,或者作假证明包庇间谍犯罪分子的,应当依照《刑法》的上述规定追究刑事责任。

43 在什么情况下，国家安全机关可以决定有关人员不准出境？

答：《反间谍法》第33条规定："对出境后可能对国家安全造成危害，或者对国家利益造成重大损失的中国公民，国务院国家安全主管部门可以决定其在一定期限内不准出境，并通知移民管理机构。对涉嫌间谍行为人员，省级以上国家安全机关可以通知移民管理机构不准其出境。"

出境是公民的一项权利，《世界人权宣言》《公民权利和政治权利国际公约》将出境自由作为公民的一项基本权利，但同时也规定，此项权利可以在出于维护国家安全、公共秩序、公共卫生或道德、他人权利与自由的需要时，由法律进行限制。加强出境管理，既是保护国家秘密，维护国家安全和利益的需要，也是保护符合条件的特定公民自身安全的需要。公民不准出境制度的核心问题是处理好出入境管理中国家安全和公民权利的关系。在出境管理中，必须体现维护国家主权、安全和社会秩序的原则，这是加强出境管理所要达到的一个最重要的目的。出于对国家主权、安全、利益和社会秩序的考虑，国家在维护公民出境权利的同时，有必要依法对有关人员的出境做出一定限制。世界上诸多国家和地区都制定了相关制度，在特定情况下限制本国或本地区人员出境。如德国《安全审查法》规定，从事安全敏感性工作的人员，在前往适用特别规定的国家旅行之前，无论是公务旅行还是私人旅行，都应当事先向主管机关或组织报告，如果有充分的理由证明，由于请求旅行的人员因其特定的安全敏感性岗位，请求旅行的人员有可能受到外国安全机构的保密制度关注并对其构成极大威胁时，主管机关有权限制其旅行。俄罗斯、美国等国家对涉密人员出境管理也有类似规定。

根据《反间谍法》的规定，不准出境的情形可以分为两种，一种情形是出境后可能对国家安全造成危害，或者对国家利益造成重大损失的中国公民，国务院国家安全主管部门可以决定其在一定期限内不准出境。这里的"出境后可能对国家安全造成危害，或者对国家利益造成重大损失的中国公民"，主要是指掌握重要国家秘密、信息等的中国公民。人是反间谍斗争的核心要素之一，是防范间谍窃密活动的重点所在，也是反间谍防范措施最终的执行者。因此，在反间谍工作中，对人的管理极为关键。部分中国公民在日常工作中会接触大量的国家秘密、信息等，一旦泄露，其后果比一般人泄密要严重得多，因而国家对其施加的义务也要比一般人多，对其出境有较为严格的限制和要求。

国务院国家安全主管部门决定的内容是在一定期限内不准

出境。由于实践中的情况较为复杂，符合条件的特定公民不得出境的期限难以在法律中作出具体规定，因此法律对此仅作出原则性规定，由国务院国家安全主管部门根据情况决定具体不准出境的期限。

另一种不准出境的情形是，对涉嫌间谍行为人员，省级以上国家安全机关可以通知移民管理机构不准其出境。实践中，一些涉嫌间谍行为人员会采取出境的方式逃避法律制裁，一旦出境就会给后续法律程序造成严重阻碍，难以有效惩治犯罪行为。限制出境措施是依法惩治一些严重犯罪或者涉外犯罪的有效控制性手段。防止涉嫌间谍行为人员外逃是实现追究法律责任的重要环节。如果不能有效防范出境，后续通过国际刑事司法协助、引渡等将耗费巨大司法成本，也难以有效及时追究。

对于涉嫌间谍行为人员不准出境，可以从以下几个方面理解：一是涉嫌间谍行为人员主要是指属于刑事案件被告人、犯罪嫌疑人，或者是涉嫌间谍违法行为的人员，既可以是中国公民，也可以是境外人员。二是对涉嫌间谍行为人员采取限制出境措施，应当由省级以上国家安全机关通知移民管理机构执行，保证决定及时落地，防范被限制出境的涉嫌间谍行为人员出境。三是对于涉嫌间谍行为人员不准出境的期限法律没有规定，实践中，国家安全机关在决定限制出境措施后，应当及时查办案件，对于经查证不属于涉嫌间谍行为人员，或者不需要采取限制出境措施的，或者超过限制出境措施期限未继续申请延长的，应当及时解除限制出境措施。

此外,要准确理解"出境",这里的"境"指的是"国境"和"边境"。本条中的"出境",既包括由中国内地前往其他国家或地区,也包括由中国内地前往香港特别行政区、澳门特别行政区和由中国大陆前往中国台湾地区。

44 在什么情况下，国务院国家安全主管部门可以决定有关人员不准入境？

答：《反间谍法》第34条规定："对入境后可能进行危害中华人民共和国国家安全活动的境外人员，国务院国家安全主管部门可以通知移民管理机构不准其入境。"

随着我国经济社会的快速发展，境外人员入境数量持续增长，境外人员入境目的日益多样。实践中，一些境外间谍机构及其代理人向我国境内渗透的情况增多，可能会对中华人民共和国的国家主权、安全、利益和社会秩序产生影响，因此有必要依法对有关境外人员的入境作出一定限制。一方面警示具有间谍目的的境外人员，另一方面赋予国务院国家安全主管部门、移民管理部门采取相应入境禁止措施的权限。

第一，限制入境的对象是入境后可能进行危害中华人民共和国国家安全活动的境外人员。依照本国法律对外国人入境实施管理，是维护国家主权、安全和利益的核心内容之一。国家有权允许或者不允许境外人员入境以及规定在什么条件下入境，有权对在其境内的外国人行使管理权，有权阻止或者限制在其境内的外国人出境，或者强制违反本国法律的外国人出境，这些均体现了维护国家主权、安全和利益的原则。

第二，有权限制境外人员入境的部门是国务院国家安全主管部门。根据本法规定，国家安全机关是反间谍工作的主管机关，国务院国家安全主管部门在日常监管工作中能够及时发现线索，识别一些入境后可能从事间谍等危害中华人民共和国国家安全活动的境外人员，不准其入境。同时，为了避免限制入境措施被滥用，本条通过适当提高不准入境的决定层级对限制入境从严掌握，防止不当扩大限制入境人员的范围，影响个人权利。对于依法采取出入境管控措施的境外人员，国务院国家安全主管部门经过调查等，已排除具体境外人员进行危害中华人民共和国国家安全活动的可能的，应当及时取消对相关人员的出入境限制。

第三，通知移民管理机构不准其入境。为了防范被限制入境的人员入境，国务院国家安全主管部门应当及时通知移民管理机构执行。移民管理机构是指国家和地方移民管理部门，通知和执行的具体程序和操作办法按照有关部门相应规定和要求进行。

45 | 对不准出境或者不准入境的人员，应当采取什么措施？

答：《反间谍法》第 35 条规定："对国家安全机关通知不准出境或者不准入境的人员，移民管理机构应当按照国家有关规定执行；不准出境、入境情形消失的，国家安全机关应当及时撤销不准出境、入境决定，并通知移民管理机构。"

2023 年修订的《反间谍法》对特定中国公民以及涉嫌间谍行为人员不准出境、特定境外人员不准入境作了规定。《反间谍法》第 33 条规定，国务院国家安全主管部门作出不准出境决定的，应当通知移民管理机构；第 34 条规定，对入境后可能进行危害中华人民共和国国家安全活动的境外人员，国务院国家安全主管部门可以通知移民管理机构不准其入境。为了做好与上述条文的衔接，保证决定及时落地，防范被限制出境的人员出境、被限制入境的人员入境，本条规定对国家安全机关通知不准出境或者不准入境的人员，移民管理机构应当按照国家有关规定执行。同时，考虑到不准出境或者不准入境都属于限制个人权利的临时性措施，因此对于不准出境、入境情形消失的，国家安全机关应当及时撤销不准出境、入境决定，并通知移民管理机构，作出规定，以利于实践中操作。

第一，为了有效贯彻执行针对特定人员的不准出境、不准入境，防止发生间谍窃密等危害国家安全的行为，对国家安全机关通知不准出境或者不准入境的人员，移民管理机构应当按照国家有关规定执行。为了使移民管理机构能够及时知晓哪些人员属于不准出境、入境的人员，国家安全机关有必要按照规定将人员名单及时通知移民管理机构，以利于其做好边控工作，防止由于信息传递不及时造成不准入境的人员入境，不准出境的人员出境。

第二，不准出境、入境情形消失的，国家安全机关应当及时撤销不准出境、入境决定，并通知移民管理机构。不准出境、入境主要是出于维护国家安全、公共秩序等的需要，但是不准出境、入境会对个人的权利造成一定影响，不利于开展对外交流。在出境入境管理工作中，需要做到管理与服务并重，着力为中国公民和外国人合法的出境入境活动，以及外国人在中国境内的合法停留、居留活动提供便利。因此，对于不准出境、入境情形消失，不需要继续采取出境入境限制措施的，国家安全机关应当及时撤销不准出境、入境决定。

"不准出境、入境情形消失的"，即中国公民已经不属于本法第33条规定的"出境后可能对国家安全造成危害，或者对国家利益造成重大损失的"情形，或者不准出境期限届满没有继续延长的，或者已经消除间谍行为嫌疑的，或者根据本法

第 34 条的规定，对依法采取出入境管控措施的境外人员，国务院国家安全主管部门经过调查等，已排除具体境外人员进行危害中华人民共和国国家安全活动可能的，应当及时撤销不准出境、入境决定，并通知移民管理机构，以保障其出境、入境权益。

46 发现涉及间谍行为的网络信息内容或者网络攻击等风险，应当如何处理？

答：《反间谍法》第36条第1款对国家安全机关发现涉及间谍行为的网络信息内容或者网络攻击等风险的处置程序作了明确规定，区分为一般情况下的处理和情况紧急时的处理两种情形。

第一，一般情况下的处理程序。国家安全机关应当及时通报有关部门，由其依法处置或者责令电信业务经营者、互联网服务提供者及时采取修复漏洞、加固网络防护、停止传输、消除程序和内容、暂停相关服务、下架相关应用、关闭相关网站等措施，保存相关记录。国家安全机关是反间谍工作的主管机关，但反间谍工作不能仅依靠国家安全机关一家开展，还需要其他相关部门的配合和支持。及时通报涉及间谍行为的网络信息内容，有利于阻断该类信息的传播，防止间谍窃密行为发生，也有利于有关方面及时采取必要措施，有针对性地进行防范。

对于国家安全机关通报的涉及间谍行为的网络信息内容或者网络攻击等风险，网信、电信等有关部门应当依法处置或者责令电信业务经营者、互联网服务提供者及时采取有关措施。法律对网信、电信等有关部门以及电信业务经营者、互联网服务提供者履行网络安全管理的义务，已经有相关规定。如《网络安全法》第47条规定："网络运营者应当加强对其用户发布的信息的管理，发现法律、行政法规禁止发布或者传输的信息的，应当立即停止传输该信息，采取消除等处置措施，防止信息扩散，保存有关记录，并向有关主管部门报告。"根据《反间谍法》的规定，对于网信、电信等有关部门可以直接依法处置的，应当依法做出相应的处置措施；对于无权直接采取处置措施的，可以责令电信业务经营者、互联网服务提供者及时采取修复漏洞、加强网络防护等措施。

第二，情况紧急时的处理程序。根据规定，情况紧急，不立即采取措施将对国家安全造成严重危害的，由国家安全机关责令有关单位修复漏洞、停止相关传输、暂停相关服务，并通报有关部门。对于紧急情况下的涉及间谍行为的网络信息内容或者网络攻击等风险，如果由国家安全机关通报有关部门处置，可能会导致错失机会，对国家安全造成严重危害，因此，法律授权国家安全机关在紧急情况下可以直接责令有关单位修复漏洞、停止相关传输、暂停相关服务。同时，为了使网信、电信等相关部门知晓掌握情况，法律要求国家安全机关在紧急处置时，应当通报有关部门。

47 涉及间谍行为的网络信息内容或者网络攻击等风险已经消除的,应当如何处理?

答:涉及间谍行为的网络信息内容或者网络攻击等风险消除后,国家安全机关和有关部门应当及时作出恢复相关传输和服务的决定。《反间谍法》第 36 条第 2 款对此作了明确规定。

《反间谍法》第 36 条第 1 款规定的停止传输、暂停相关服务等处置措施属于临时性措施,主要为了防止涉及间谍行为的网络信息内容传播、扩散,防范网络攻击等风险。这些措施不可避免地会对企业、个人的正常业务、活动造成一定的影响。为了尽可能降低临时处置措施造成的影响,经采取相关措施,涉及间谍行为的网络信息内容或者网络攻击等风险已经消除的,国家安全机关和有关部门应当及时作出恢复相关传输和服务的决定。

实践中的情况比较复杂,需要具体情况具体分析,法律仅原则性规定由国家安全机关和有关部门作出恢复相关传输和服务的决定。关于涉及间谍行为的网络信息内容或者网络攻击等风险是否已经消除,需要由国家安全机关和有关部门根据具体情况做出评估,并及时作出决定,这体现了法律的严肃性和灵活性。被采取相关措施的企业等,可以向国家安全机关和有关部门提出恢复相关传输和服务的申请。

48 国家安全机关经调查，发现间谍行为涉嫌犯罪的，应当如何处理？

答：《反间谍法》第39条规定，国家安全机关经调查，发现间谍行为涉嫌犯罪的，应当依照《刑事诉讼法》的规定立案侦查。这是关于行刑衔接的规定。

国家安全机关是间谍行为的行政调查和刑事侦查机关，具有调查行政违法行为和侦查刑事犯罪的双重职能。一是，国家安全机关作为反间谍工作的主管机关，依法执行反间谍工作任务，在对有关个人和组织进行调查的过程中，发现间谍违法行为，尚不构成犯罪的，可依法进行行政处罚。二是，国家安全机关是间谍行为的刑事侦查机关。根据《刑事诉讼法》有关管辖分工的规定，在刑事诉讼活动中，公安机关是主要的侦查主体，《刑事诉讼法》第4条专门规定，国家安全机关依照法律规定，办理危害国家安全的刑事案件，行使与公安机关相同的职权。

国家安全机关经调查，发现间谍行为涉嫌犯罪的，应当依照法律规定立案调查。一是，立案应当根据法定条件进行。根据《刑事诉讼法》第109条规定，发现犯罪事实或者犯罪嫌疑人的，应当立案侦查。据此，应当立案的情形包括两种，发现犯罪事实，或者发现犯罪嫌疑人，符合情形之一的，就应当立案侦查，并不要求两种情形都具备。一般情况下，只有依法立案后才能进一步采取有关侦查措施，因此对于发现间谍行为涉嫌犯罪，符合《刑事诉讼法》规定的立案侦查条件的，应当及时依法立案。如果经调查没有犯罪事实，或者犯罪事实显著轻微不需要追究刑事责任，或者具有其他依法不应追究刑事责任情形，不予立案。二是，国家安全机关肩负防范、制止和惩治间谍行为的职责，发现犯罪事实或者犯罪嫌疑人的间谍行为涉嫌犯罪的，必须根据《刑事诉讼法》的规定立案侦查，不得推诿、拖延。立案是刑事诉讼活动开始的标志，只有侦查机关积极开展立案活动，才能及时采取必要的侦查措施，及时发现和收集证据，从而保证准确、及时地揭露、证实、惩治犯罪分子，进而保证需要追究刑事责任的间谍犯罪行为受到及时追究。如果该立案而不立案或者立案不及时，就可能贻误侦查时机，放纵犯罪，甚至可能因犯罪人继续实施新的间谍行为给国家造成新的危害。

国家安全机关在立案侦查后，经侦查发现存在不应追究刑事责任情形的，应当及时撤销案件。案件侦查终结后，犯罪事实清楚，证据确实、充分，需要追究刑事责任的，应当移送人民检察院审查决定。

– 四、反间谍工作的保障与监督

49 邮政、快递等物流运营单位和电信业务经营者、互联网服务提供者对调查间谍行为负有何种义务？

答：《反间谍法》第41条规定，国家安全机关依法调查间谍行为，邮政、快递等物流运营单位和电信业务经营者、互联网服务提供者应当提供必要的支持和协助。

任何公民和组织都应当依法支持、协助反间谍工作。反间谍工作实行专门工作与群众路线相结合的原则，国家安全机关要做好对外情报、反间防谍和涉外安全保卫等各项工作，离不开公民和组织的支持。当代社会，邮政、快递等物流企业和电信、互联网企业大大提高了社会经济流转的效率，方便了人们的生产生活。与此同时，一些间谍犯罪分子利用物流、电信网络渠道开展间谍活动。我国物流和电信、互联网行业实行实名制管理和物品信息登记制度，相关运营企业也掌握着基础信息数据，在国家安全机关对间谍行为开展调查，向有关单位寻求帮助时，有关单位和企业应当提供必要的支持和协助。这也是世界通行做法，世界上很多国家和地区都对邮政、通讯行业为有关主管部门开展反间谍工作提供支持和协助作了规定。

邮政、快递等物流运营单位应当为国家安全机关依法调查间谍行为提供必要的支持和协助。我国邮政、快递等物流运营单位和电信、互联网企业都实行实名制管理和物品信息登记制度。《反恐怖主义法》第20条和第21条对此作了明确规定。实践中，物流运营等有关单位掌握邮件、快递信息，也掌握相关的基础信息数据，国家安全机关依法调查间谍行为，可能需要依法调取相关数据，或者请求其优先寄递、运输有关文件、物品以及要求其提供其他必要的支持和协助，邮政、快递、运输等物流运营单位应当提供支持和协助。

电信业务经营者、互联网服务提供者应当为国家安全机关依法调查间谍行为提供必要的支持和协助。通过立法确立电信网络运营者为有关执法机关维护国家安全和侦查犯罪的活动提供支持和协助的义务，是维护国家安全和惩治犯罪所必需的。我国《网络安全法》第28条、《反恐怖主义法》第18条也有类似规定。

需要注意的是，国家安全机关要求邮政、快递等物流运营单位和电信业务经营者、互联网服务提供者提供支持和协助时，应当严格依法办事，不得超越职权、滥用职权，不得侵犯个人和组织的合法权益。在有关单位提供支持和协助的过程中，国家安全机关不可避免地会接触企业的商业秘密，客户的个人隐私和个人信息等，为保护组织和个人的合法权益，避免发生侵权行为，《反间谍法》第11条第2款规定，国家安全机关及其工作人员依法履行反间谍工作职责获取的个人和组织的信息，只能用于反间谍工作。对于属于国家秘密、工作秘密、商业秘密、个人隐私、个人信息的，应当保密。

50 | 国家安全机关工作人员执行紧急任务,享有哪些通行便利?

答:《反间谍法》第 42 条规定,国家安全机关工作人员因执行紧急任务需要,经出示工作证件,享有优先乘坐公共交通工具、优先通行等通行便利。国家安全机关担负着防范、制止、惩治间谍活动,维护国家安全和利益的重要任务,在执行这一任务时,往往会遇到一些紧急情况,贻误战机就会造成不可估量的损失。因此,在国家安全机关执行紧急任务时,需要赋予其一定的优先权,为其开展工作提供便利。如国家安全机关在执行任务时,在紧急情况下,需要赋予其可以优先乘坐公共交通工具、优先通行的权利。

"执行紧急任务"是行使优先权的前提条件。这里所说的紧急任务是指时间特别紧急,按照正常的方式、途径、程序有可能贻误反间谍工作的情况,如紧急赶赴现场,传递紧急重要情报,追捕、跟踪嫌疑人等。是否紧急,应根据任务的具体情况进行判定,实践中,对此应当予以严格掌握,避免权力滥用,侵犯个人和组织的合法权益。工作证件是工作身份的证明，国家安全机关工作人员依法执行任务，应当出示工作证件。"优先乘坐公共交通工具"包括优先购票或者不购票出示证件即可优先乘坐的情况。公共交通工具主要是指从事旅客运输的公共汽车、出租车、地铁、火车、船舶、飞机等。优先乘坐并非免费乘坐，事后仍应按照有关规定予以补票或者予以相应的补偿。"优先通行"是指碰到公路上发生交通事故造成交通中断，或者车辆拥挤导致交通堵塞，或者按照交通规则的规定不能通行，如遇到红灯，或者由于某项事件或活动而禁止通行等情况时，国家安全机关工作人员经出示工作证件，有关人员应允许其优先通过。这种优先通行在相关法律中也有规定，如我国《道路交通安全法》第53条规定，警车等特种车辆在执行紧急任务时，在确保安全的前提下，不受行驶路线、行驶方向、行驶速度和信号灯的限制，其他车辆和行人应当让行。

需要强调的是，国家安全机关工作人员在行使本条规定的优先乘坐公共交通工具、优先通行的权利时，必须遵守法律、法规及部门规章的相关规定，严格依照本条规定的条件、程序行使，出示人民警察证、侦察证或其他相关证件，避免权力的滥用。同时，国家安全机关行使权力时也要特别注意保护好个人和组织的合法权益，尽量避免影响个人和组织正常的工作、生活。在工作任务完成后要及时归还财物或者恢复原状，并依照规定支付费用，造成损失的应当予以补偿。国家安全机关遵守这一规定，保护个人和组织的私有财产权利，也有利于争取个人和组织对国家安全机关的工作给予最大的支持和协助。

51 | 国家安全机关工作人员依法执行任务时进入有关场所、单位，应当遵守什么要求？

答：《反间谍法》第43条规定，国家安全机关工作人员依法执行任务时，依照规定出示工作证件，可以进入有关场所、单位；根据国家有关规定，经过批准，出示工作证件，可以进入限制进入的有关地区、场所、单位。

"依法执行任务"是国家安全机关工作人员进入特定场所和单位的前提条件。第一，要依法，既包括依照《反间谍法》的规定，也包括依照《宪法》《刑法》《刑事诉讼法》《保守国家秘密法》以及其他法律中有关国家安全的规定。第二，只有在执行任务时才能行使这些权利，如为监视和掌握间谍的活动情况而进行的调查工作，为防范、制止和惩治间谍行为而开展的各项具体工作等。

国家安全机关工作人员进入特定场所、单位的，需要依照法律、行政法规以及国家安全部有关证件管理、使用的规定出示工作证件。"工作证件"是指国家安全机关工作人员根据其工作任务，按照规定使用的有关证件，包括人民警察证、侦察证等。考虑到国家安全机关的工作人员在执行不同任务时所需出示的证件可能有所不同，《反间谍法》第43条仅规定行使该条规定的职权应出示工作证件，而没有规定出示工作证件的具体类型。在执行任务时，使用的证件应符合有关法律、行政法规和国家安全机关的规定。

这里规定的国家安全机关可以进入的场所、单位有两类：一是有关场所、单位。间谍人员进行间谍活动，如接头、联络、交换情报、藏匿等需要在一定的场所或单位中进行。国家安全机关在进行反间谍工作时，不仅需要到有关场所、单位调查取证，有时还会因跟踪、监视犯罪嫌疑人而需要进入有关场所、单位。普通的公共场所，如宾馆、餐厅、电影院、游乐场等，国家安全机关工作人员以普通消费者的身份也是可以进入的，但在需要进入的场所不对普通公众开放，或处于非营业时间等情况下，就需要有关场所、单位的管理人员配合和支持。因此，赋予国家安全机关工作人员按照规定出示相应证件后，可以进入有关场所、单位的职权，为国家安全机关执行反间谍任务提供了保障。

二是限制进入的有关地区、场所、单位。出于维护国家安全和工作秩序的需要，有一些地区、场所、单位不得随意进入，需要经过一定的批准程序才能进入，如边境管理区、边境禁区、海防工作区、海上禁区等边防区域；军事禁区、军事基地、军工企业等与国防有关的军事设施和军事单位；与国计民生和社会稳定、国家利益和公共安全关系重大的单位，如重要的科研机构、金融机构、造币企业、核电站、金库、弹药库、麻醉药品库、油库等；其他依照国家有关部门的规定限制进入的场所、单位，如国家档案管理机构、机场隔离区、港口出入境检查通道等。这些地区、场所、单位是限制进入的，但是国家安全机关工作人员执行反间谍任务时可能需要进入，因此《反间谍法》第43条赋予国家安全机关根据国家有关规定，在经过批准的情况下进入限制进入的有关地区、场所、单位的职权，以便国家安全机关更好地开展工作，与间谍行为作斗争。

52 | 国家安全机关因反间谍工作需要，可以优先使用或者依法征用的对象是什么？有哪些要求？

答：《反间谍法》第44条规定，国家安全机关因反间谍工作需要，根据国家有关规定，可以优先使用或者依法征用国家机关、人民团体、企业事业组织和其他社会组织以及个人的交通工具、通信工具、场地和建筑物等。

国家安全机关在履行反间谍工作职责过程中，往往需要依法采取行动，执行反间谍任务时常存在一定的时效性和紧迫性，尤其是在应对处置反间谍案件时，打击、控制、救援、救助等现场应对处置工作需要争分夺秒，刻不容缓。国家安全机关现场处置力量在开展这些工作过程中，由于装备条件所限、装备未能到位或者根据现场情况，可能需要优先使用或者征用国家机关、人民团体、企业事业组织和其他社会组织以及个人的交通工具用于追查违法嫌疑人员，疏散、撤离人员；优先使用或者征用国家机关、人民团体、企业事业组织和其他社会组织以及个人的破拆、起重、通风、发电等设备设施，用于营救、救治受伤人员；优先使用或者依法征用国家机关、人民团体、企业事业组织和其他社会组织以及个人的房屋、场所用于观察情况、了解目标对象，安置、疏散、撤离人员等。为此，《反间谍法》明确规定国家安全机关在履行反间谍职责过程中，在有需要的情况下，有权根据国家有关规定，优先征用国家机关、人民团体、企业事业组织和其他社会组织以及个人的财产。在法律上对国家安全机关优先使用或者依法征用的权限作出明确规定，既有利于保障国家安全机关反间谍工作的顺利开展，也有利于取得组织、公民对国家安全机关开展反间谍工作的理解和支持。

优先使用或依法征用单位、组织和个人的财产需要符合一定的前提条件，即因反间谍工作需要，且根据国家有关规定优先使用或者依法征用。如果不是因反间谍工作需要，则不能根据《反间谍法》的规定采取优先使用或者征用措施。如果国家安全机关正在履行其他职责，而其他法律有关于征用的规定的，可以依据其他法律采取征用措施，如《民法典》第245条、《反恐怖主义法》第78条等。国家安全机关使用或者征用有关财产，开展反间谍工作过程中，应当注意严格遵守法律法规和相关规定，严格依照规定的权限、条件、审批程序等行使职权，防止违法行使职权和滥用职权的情况发生。

国家安全机关优先使用或者依法征用有关财产，在任务完成后应当及时归还或者恢复原状，并依照规定支付相应费用。国家安全机关使用或者征用有关财产时，有时难免会对有关组织及个人的合法权益造成损害,如国家安全机关工作人员在执行反间谍任务时依法使用或征用车辆,或者采取其他行动,可能会造成财产损毁的情况。如果出现这种情况,有关方面应当依法给予合法权益被损害的组织以及个人相应的补偿。同时,合法权益受损害的组织和个人,也享有请求有关方面给予补偿的请求权。

53 | 国家安全机关在反间谍工作中享有哪些通关便利？

答：《反间谍法》第45条规定，国家安全机关因反间谍工作需要，根据国家有关规定，可以提请海关、移民管理等检查机关对有关人员提供通关便利，对有关资料、器材等予以免检。有关检查机关应当依法予以协助。

国家安全机关在反间谍工作中，不可避免地要涉及有关人员、资料、器材出入国边境，限制进入的地区、场所以及通过其他法律、法规规定的需要例行检查的关卡。由于反间谍工作绝大多数是在隐蔽战线上开展的，有许多情况不允许、不方便向执行检查任务的机关具体说明，更不宜接受检查，否则可能会妨碍反间谍工作的顺利进行，情况严重的可能造成泄密、失密。为此，法律赋予国家安全机关提请有关检查机关对有关人员提供通关便利和对有关资料、器材等予以免检的权利，同时规定了有关检查机关配合国家安全机关的义务。

国家安全机关享有的通关便利、免检便利包括：一是对人员提供通关便利。海关、移民管理等检查机关应根据规定开展相关身份核验、证件查验等检查，如证明是国家安全机关工作人员并确实因反间谍工作需要给予通关便利，对符合相应条件的，有关机关应给予通关便利。二是对有关资料、器材等予以免检。国家安全机关因反间谍工作需要，根据国家有关规定，可以提请海关、移民管理等检查机关对出入境人员携带的物品予以免检。提供免检便利的对象既可以是各种形式的与反间谍工作有关的资料，包括文字资料、图片资料、声像资料、数字统计资料和实物资料等，也可以是执行反间谍工作任务所需要的不宜公开检查的各种工具、材料，如专用照相机、录像机、录音机、电台、窃听监听装置、伪装装置，以及与之有关的零件、元器件、辅助材料等。对于与反间谍工作无关的或者虽然与反间谍工作有关但不是必须实行免检的物品，例如非专用的普通汽车、普通家用电器等，不能要求免检。为了保证国家安全机关提出的对有关人员提供通关便利和对资料、器材予以免检的要求得到执行，《反间谍法》第45条还同时对各检查机关提出了相应的要求。

需要注意的是，国家安全机关应根据执行的反间谍任务具体判定是否申请海关、移民管理等检查机关提供免检、通关便利等。一是国家安全机关要严格把控提请海关、移民管理等检查机关对有关人员提供通关便利和对资料、器材予以免检的范围。对于有关人员、资料和物品，如不申请海关、移民管理等检查机关提供免检、通关便利等，可能造成违法犯罪嫌疑人逃脱，或者可能使有关人员置身于危险境地的，则可以申请海关、移民管理等检查机关提供免检、通关便利等。二是国家安全机关要严格规范提请海关、移民管理等检查机关提供免检、通关便利等程序。国家安全机关要完善制度建设，规范提请有关检查机关对有关人员提供通关便利和对资料、器材等予以免检的审批流程，防止权力滥用。海关、移民管理等检查机关也应当按照相关法律规定，根据职责分工，积极配合国家安全机关，切实保障反间谍工作的顺利开展。

54 在什么情况下,国家安全机关可以对执行或者协助执行反间谍工作任务的人员采取保护和营救措施?

答:《反间谍法》第46条第1款规定,国家安全机关工作人员因执行任务,或者个人因协助执行反间谍工作任务,本人或者其近亲属的人身安全受到威胁时,国家安全机关应当会同有关部门依法采取必要措施,予以保护、营救。该条款对国家安全机关在什么情况下可以采取保护和营救措施予以了明确:

第一,保护和营救措施的适用范围和对象。保护措施适用于国家安全机关工作人员因执行任务,或者个人因协助执行反间谍工作任务,本人或者其近亲属的人身安全受到威胁的情形。这里的对象主要包括国家安全机关工作人员或者协助执行反间谍任务的人及其近亲属。

第二,保护和营救措施的适用条件,即因支持、协助、执行上述反间谍工作任务及相关反间谍行为,国家安全机关工作人员或者公民本人及其近亲属面临人身安全危险。实践中,执行反间谍任务、协助执行反间谍工作任务和支持、协助反间谍工作的人及其近亲属遭受打击报复的风险较高，面临着很大的人身安全威胁。因此，对以上人员中人身安全面临危险的，有必要采取相应措施予以保护。这里的"受到威胁"，是指本人及其近亲属的人身安全可能面临现实危险的情形，而不是想象的威胁。是否属于"受到威胁"，需要结合不同人员的具体情况等综合考虑。比较典型的危险是可能遭受打击报复。可能构成对国家安全机关工作人员、个人及其近亲属实施打击报复的情形有：（1）扬言或者准备、策划对国家安全机关工作人员、个人及其近亲属实施打击报复的；（2）曾经对国家安全机关工作人员、个人及其近亲属实施打击、要挟、迫害等行为的；（3）采取其他方式滋扰国家安全机关工作人员、个人及其近亲属的正常生活、工作的；（4）其他可能对国家安全机关工作人员、个人及其近亲属实施打击报复的情形。

第三，保护和营救措施的适用程序及执行主体。国家安全机关可以会同有关部门主动决定采取保护措施，保护措施的执行主体为国家安全机关及有关部门，包括公安机关、人民检察院、人民法院等。执行中需要结合被保护人的具体情况和需要采取的具体保护措施确定执行主体。

第四，具体的保护措施包括下列内容：（1）不公开真实姓名、住所和工作单位等个人信息；（2）采取不露外貌、真实声音等出庭作证措施；（3）禁止特定的人接触被保护人员；（4）对被保护人人身和住宅采取专门性保护措施；（5）变更被保护人员的身份或姓名，重新安排住所和工作单位；（6）其他必要的保护措施。国家安全机关工作人员在执行反间谍工作过程中，必须注意保护相关人员的安全，在对相关人员的情况保守秘密的同时，还要及时采取一些保护措施，以防间谍组织为了毁灭证据和报复而杀害协助人及其家属。

55 | 在什么情况下,支持、协助反间谍工作的人可以请求国家安全机关采取保护措施,可以采取哪些保护措施?

答:《反间谍法》第46条第2款规定,个人因支持、协助反间谍工作,本人或者其近亲属的人身安全面临危险的,可以向国家安全机关请求予以保护。国家安全机关应当会同有关部门依法采取保护措施。本条款回答了可以请求国家安全机关予以保护的具体情况:

第一,请求国家安全机关予以保护的对象主要是因支持、协助反间谍工作,本人或者其近亲属的人身安全面临危险的人。公民支持、协助反间谍工作,及时消除涉及国家安全的重大风险隐患或者现实危害,防范、制止危害国家安全的间谍行为等,可能遭到间谍组织的打击报复,可以请求国家安全机关采取措施予以保护。

第二,请求国家安全机关予以保护的条件。因支持、协助反间谍工作,公民本人或者其近亲属的人身安全面临危险时,可主动向国家安全机关申请保护，国家安全机关应当会同有关部门依法采取相应的保护措施。

第三，请求国家安全机关予以保护适用的程序及执行主体。国家安全机关应根据个人的请求进行判断，会同有关部门决定采取保护措施。保护措施的执行主体为国家安全机关及公安机关、人民检察院、人民法院等。执行过程中需要结合被保护人的具体情况和需要采取的具体保护措施确定执行主体。

第四，请求国家安全机关予以保护，可以采取的具体保护措施包括：（1）不公开真实姓名、住所和工作单位等个人信息；（2）采取不露外貌、真实声音等出庭作证措施；（3）禁止特定的人接触被保护人员；（4）对被保护人人身和住宅采取专门性保护措施；（5）变更被保护人员的身份或姓名，重新安排住所和工作单位；（6）其他必要的保护措施。相关人员一旦发觉间谍组织对自己及其近亲属的人身安全构成威胁时，除了采取紧急的避险防范措施外，还应当及时向国家安全机关报告，并可提出要求给予保护的请求。

在反间谍案件中，由于支持、协助反间谍工作遭到打击报复的可能性大，后果也可能更严重，甚至有生命危险，对于这些案件，在对打击报复相关人员的行为追究责任之外，更应有针对性地加大对支持、协助反间谍工作的人及其近亲属的保护力度，以预防打击报复支持、协助反间谍工作的人员的事件发生。通过切实保护公民的人身安全来保证公民履行维护国家安全的义务，保障反间谍工作的顺利进行。

56 | 个人和组织因支持、协助反间谍工作导致财产损失的,应当如何处理?

答:《反间谍法》第 46 条第 3 款规定,个人和组织因支持、协助反间谍工作导致财产损失的,根据国家有关规定给予补偿。国家安全机关工作人员在执行反间谍工作任务的过程中,要特别注意保护好个人和组织的合法权利和利益,尽可能避免和减少给个人和组织造成不必要的负担。如果个人和组织因支持、协助反间谍工作导致财产损失的,国家安全机关应当及时依法给予补偿。只有这样,才能取得广大人民群众和社会各方面对反间谍工作的理解和支持,也才能真正贯彻反间谍工作"坚持专门工作与群众路线相结合"的原则,将"依法进行,尊重和保障人权,保障个人和组织的合法权益"的要求落到实处,并为最终赢得反间谍斗争的胜利打下坚实的基础。

一般来说,公民个人财产、法人或者其他组织的合法财产均受法律保护,任何单位和个人不得侵犯。个人和组织因支持、协助反间谍工作,可能将财产供国家安全机关工作人员临时使用。这是以实际行动支持反间谍工作的体现，但在执行反间谍工作任务过程中，难免会对个人和组织的合法财产造成损毁。如在国家安全机关工作人员执行反间谍任务时为其提供车辆，或者协助采取其他行动，可能会造成财产损毁的情况。如果出现这种情况，国家安全机关应当依法给予合法财产被损毁的个人和组织相应的补偿。同时，合法财产被损毁的个人和组织，也享有请求国家安全机关给予补偿的请求权。

57 在什么情况下，国家对为反间谍工作做出贡献的人员给予安置？如何开展安置工作？

答：《反间谍法》第47条第1款规定，对为反间谍工作做出贡献并需要安置的人员，国家给予妥善安置。为反间谍工作做出贡献，主要是指在反间谍工作中具有以下情况的：（1）提供重要情况或者线索，为国家安全机关发现、破获间谍案件或者其他危害国家安全案件，或者为有关单位防范、消除涉及国家安全的重大风险隐患或者现实危害发挥重要作用的；（2）密切配合国家安全机关执行任务，表现突出的；（3）防范、制止间谍行为或者其他危害国家安全行为，表现突出的；（4）主动采取措施，及时消除本单位涉及国家安全的重大风险隐患或者现实危害，挽回重大损失的；（5）在反间谍安全防范工作中，有重大创新或者成效特别显著的；（6）在反间谍安全防范工作中做出其他重大贡献的。是否启动《反间谍法》第47条规定的安置工作，由国家安全机关会同国家有关部门决定。

事实上，公民和组织在反间谍方面可以做很多事情：一是发现间谍行为，及时向国家安全机关报告；二是机关、团体和其他组织对本单位的人员进行维护国家安全的教育，动员、组织本单位人员防范、制止间谍行为；三是积极为反间谍工作提供便利或者其他协助；四是在国家安全机关调查了解有关间谍行为的情况、收集有关证据时，有关组织和个人要如实提供；五是保守所知悉的有关反间谍工作的国家秘密等。国家安全机关根据个人对反间谍工作做出贡献的具体情况，依法依规妥善安置。

《反间谍法》第47条第2款规定，公安、民政、财政、卫生健康、教育、人力资源和社会保障、退役军人事务、医疗保障、移民管理等有关部门以及国有企业事业单位应当协助国家安全机关做好安置工作。"安置"是指上述有关部门以及国有企业事业单位，协助国家安全机关做好安置工作，接收安置人员。安置涉及相关人员的多个方面，家庭、就业、医疗等方面都需要相关人员帮助，这就需要公安机关、民政部门、财政部门、卫生健康部门、教育部门、人力资源和社会保障部门、退役军人事务管理部门、医疗保障部门、移民管理部门等机构和国有企业事业单位相互配合，共同完成安置工作。安置工作主要是为了帮助在反间谍工作中做出贡献的人员，给相关人员提供便利，仅仅依靠国家安全机关一个部门是完成不了的。有关部门和国有企业事业单位应当配合国家安全部门开展好安置工作，不得推诿塞责。

58 在什么情况下，国家对因开展反间谍工作或者支持、协助反间谍工作的人员给予抚恤优待？

答：《反间谍法》第 48 条规定，对因开展反间谍工作或者支持、协助反间谍工作导致伤残或者牺牲、死亡的人员，根据国家有关规定给予相应的抚恤优待。掌握有关伤亡抚恤工作的政策、规定及审批程序，积极配合当地民政部门做好相关人员的伤亡抚恤工作至关重要。

抚恤是指国家、有关组织和社会从政治和物质上对为相关反间谍工作做出特殊贡献的人员（主要包括因公伤残人员、因公牺牲及病故人员的家属等）进行抚慰和褒奖，并给予一定标准的经济补偿或补助；优待是指国家、有关组织和社会从政治和物质上对为相关反间谍工作做出特殊贡献的人员或职业群体给予特殊的待遇。抚恤优待是国家、有关组织和社会给予国家安全工作人员和协助、配合有关部门开展反间谍工作的相关人员的一种待遇和保障，是解决国家安全工作人员和协助、配合有关部门开展反间谍工作相关人员的后顾之忧，保障反间谍工作顺利开展，有效打击间谍行为的必要举措。

"给予相应的抚恤优待"的人员包括两类：一是履行反间谍工作职责的人员，指在反间谍工作中承担一定职责的单位和部门的人员；二是协助、配合有关部门开展反间谍工作的相关人员，指本身并没有反间谍工作职责，而积极为反间谍工作提供帮助的人员。不论是履行反间谍工作职责的人员，还是协助、配合反间谍工作的人员都可能因从事反间谍相关工作而导致伤残或者死亡，国家对这些人员应当给予相应的待遇和保障。

"国家有关规定"，是指我国相关法律法规等对于各类人员因公导致伤残死亡的规定，这些规定详细规定了相应的待遇，本条对因履行反间谍工作职责或者协助、配合有关部门开展反间谍工作导致伤残或者死亡的人员如何享受待遇作了衔接性规定，即按照国家有关规定享受相应的待遇。

59 国家安全机关如何对反间谍工作开展自我监督？

答：《反间谍法》第51条规定，国家安全机关应当严格执行内部监督和安全审查制度，对其工作人员遵守法律和纪律等情况进行监督，并依法采取必要措施，定期或者不定期进行安全审查。国家安全机关在反间谍工作中实施内部监督和安全审查，负责对其工作人员遵守法律和纪律等情况进行监督和进行定期或者不定期安全审查。为了维护国家安全，在反间谍工作中需要预防泄密行为的发生、减少泄密的风险，因此，需要进行事前的预警和防范，加强对国家安全机关工作人员遵守法律和纪律等情况的监督。

《反间谍法》第69条规定，国家安全机关工作人员滥用职权、玩忽职守、徇私舞弊，或者有非法拘禁、刑讯逼供、暴力取证、违反规定泄露国家秘密、工作秘密、商业秘密和个人隐私、个人信息等行为，依法予以处分，构成犯罪的，依法追究刑事责任。

这里的"内部监督和安全审查制度"，主要是指国家安全机关依据相关规定和程序，对其工作人员的政治素质、任职条件、岗位责任、"八小时以外"活动等进行监督和审查。政治素质方面，应当政治立场坚定，坚决贯彻执行党的路线、方针、政策，认真落实各项规章制度；品行方面，应当忠诚可靠，作风正派，责任心强；工作能力方面，应当掌握业务知识、技能和基本法律知识。对党员领导干部持有普通护照和因私出国情况、子女及其配偶从业情况、被留置或者被追究刑事责任情况、国（境）内外房产情况等个人事项应予以监督。

国家安全机关设立内部监督部门定期进行检查和通报，并通过内部技术手段、制度建立和相关程序等，保障对其工作人员的内部监督和安全审查。此外，还可以通过国家安全机关监督举报平台、外部线索落实安全审查制度。

60 | 对国家安全机关及其工作人员超越职权、滥用职权的行为和其他违法行为，个人和组织应该怎么处理？

答：《反间谍法》第 52 条规定，任何个人和组织对国家安全机关及其工作人员超越职权、滥用职权和其他违法行为，都有权向上级国家安全机关或者监察机关、人民检察院等有关部门检举、控告。受理检举、控告的国家安全机关或者监察机关、人民检察院等有关部门应当及时查清事实，依法处理，并将处理结果及时告知检举人、控告人。

"超越职权"，是指行使了法律、法规没有赋予的职权。"滥用职权"，是指在行使法律规定的职权时，不正确行使，不按照规定的程序、要求行使职权，如将反间谍工作中的职权用于他处，包括以权谋私和进行其他违法犯罪活动。"其他违法行为"，是指国家安全机关及其工作人员在反间谍工作中的其他违反法律规定的侵害公民、组织利益的行为，如刑讯逼供、采取不正当的强制措施、在执行任务中不出示国家安全机关证件或者其他相应证件等。

国家安全机关及其工作人员如有上述超越职权、滥用职权和其他违法的行为，组织和个人可以向上级国家安全机关或者监察机关、人民检察院等有关部门检举、控告。"上级国家安全机关"主要是指有超越职权、滥用职权和其他违法行为的国家安全机关的上一级国家安全机关，如有必要，当事人也可以向更高一级的国家安全机关检举、控告。

本条扩大了有关部门的类型，主要是指监察机关和人民检察院等。对于国家安全机关及其工作人员的违法行为，公民、组织有权向监察机关和人民检察院检举、控告，监察机关和人民检察院对国家安全机关工作人员的违法违纪行为，有权提出处理意见或者进行处理。"检举"是指个人和组织将自己发现或知悉的国家安全机关及其工作人员的违法行为向上级国家安全机关或者其他有关部门揭发、报告。"控告"是指个人和组织将国家安全机关及其工作人员违背法律，侵犯自己合法权益的行为向上级国家安全机关、有关部门进行告发。对于超越职权、滥用职权和其他违法行为，构成犯罪的，个人或者组织有权向监察机关和人民检察院检举、控告，要求依法追究其刑事责任。

五、对间谍等违法行为的处理

61 实施间谍行为，构成犯罪的，应当如何处理？

答：《反间谍法》第53条规定，实施间谍行为，构成犯罪的，依法追究刑事责任。根据间谍行为的定义和实践情况，实施间谍行为可能构成的犯罪主要包括：（1）间谍罪。《刑法》第110条规定："有下列间谍行为之一，危害国家安全的，处十年以上有期徒刑或者无期徒刑；情节较轻的，处三年以上十年以下有期徒刑：（一）参加间谍组织或者接受间谍组织及其代理人的任务的；（二）为敌人指示轰击目标的。"对于参加间谍组织或者接受间谍组织及其代理人的任务，以及为敌人指示轰击目标的间谍行为应当依照该条规定的间谍罪追究刑事责任。（2）为境外窃取、刺探、收买、非法提供国家秘密、情报罪。《刑法》第111条规定："为境外的机构、组织、人员窃取、刺探、收买、非法提供国家秘密或者情报的，处五年以上十年以下有期徒刑；情节特别严重的，处十年以上有期徒刑或者无期徒刑；情节较轻的，处五年以下有期徒刑、拘役、管制或者剥夺政治权利。"对于为境外机构、组织、人员窃取、刺探、收买或者非法提供国家秘密或者情报的间谍行为,应当依照该条规定追究刑事责任。(3)武装叛乱、暴乱罪。《刑法》第104条规定:"组织、策划、实施武装叛乱或者武装暴乱的,对首要分子或者罪行重大的,处无期徒刑或者十年以上有期徒刑;对积极参加的,处三年以上十年以下有期徒刑;对其他参加的,处三年以下有期徒刑、拘役、管制或者剥夺政治权利。策动、胁迫、勾引、收买国家机关工作人员、武装部队人员、人民警察、民兵进行武装叛乱或者武装暴乱的,依照前款的规定从重处罚。"(4)投敌叛变罪。《刑法》第108条规定:"投敌叛变的,处三年以上十年以下有期徒刑;情节严重或者带领武装部队人员、人民警察、民兵投敌叛变的,处十年以上有期徒刑或者无期徒刑。"(5)叛逃罪。《刑法》第109条规定:"国家机关工作人员在履行公务期间,擅离岗位,叛逃境外或者在境外叛逃的,处五年以下有期徒刑、拘役、管制或者剥夺政治权利;情节严重的,处五年以上十年以下有期徒刑。掌握国家秘密的国家工作人员叛逃境外或者在境外叛逃的,依照前款的规定从重处罚。"(6)为境外窃取、刺探、收买、非法提供商业秘密罪。《刑法》第219条之一规定:"为境外的机构、组织、人员窃取、刺探、收买、非法提供商业秘密的,处五年以下有期徒刑,并处或者单处罚金;情节严重的,处五年以上有期徒刑,并处罚金。"(7)故意泄露军事秘密罪、过失泄露军事秘密罪。《刑法》第432条规定:"违反保守国家秘密法规,故意或者过失泄露军事秘密,情节严重的,处五年以下有期徒刑或者拘役；情节特别严重的，处五年以上十年以下有期徒刑。战时犯前款罪的，处五年以上十年以下有期徒刑；情节特别严重的，处十年以上有期徒刑或者无期徒刑。"间谍组织及其代理人实施或者指使、资助他人实施，或者境内外机构、组织、个人与其相勾结实施的危害中华人民共和国国家安全活动的间谍行为，还涉嫌《刑法》分则规定的其他一些罪名，例如《刑法》第103条规定的分裂国家罪、煽动分裂国家罪，《刑法》第105条规定的颠覆国家政权罪、煽动颠覆国家政权罪等。

62 个人实施间谍行为，尚不构成犯罪的，应当如何处罚？

答：《反间谍法》第 54 条第 1 款规定，个人实施间谍行为，尚不构成犯罪的，由国家安全机关予以警告或者处十五日以下行政拘留，单处或者并处五万元以下罚款，违法所得在五万元以上的，单处或者并处违法所得一倍以上五倍以下罚款，并可以由有关部门依法予以处分。对于尚不构成犯罪的间谍行为，具体是予以警告的处罚，还是处十五日以下行政拘留，单处还是并处五万元以下罚款，以及行政拘留的天数，需要由国家安全机关根据具体案件的情况和违法程度，按照过罚相当的原则确定。这里的"警告"，是指国家安全机关对有违反本法规定的个人提出告诫，使其认识自身存在违法行为并进行改正的一种处罚。警告属于行政处罚中最轻的一种处罚，是可以当场作出的。财产罚作为申诫罚和人身罚的衔接和过渡的处罚形式，丰富了国家安全机关行政处罚的种类。行政罚款使行为人在经济利益上受到损失，起到了警示和威慑的作用。除警告、行政拘留、罚款的处罚以外，还可以由有关部门依法予以处分。这里所说的"依法予以处分",主要是一种纪律处分,如果行为人不是国家机关工作人员,对其处分包括单位内部规定的处分和党内纪律处分、政务处分。违反本条规定的单位的直接负责的主管人员和其他直接责任人员是中共党员的,除了给予单位内部工作纪律处分之外,还要根据《中国共产党纪律处分条例》的规定,由党组织给予党内纪律处分,包括警告、严重警告、撤销党内职务、留党察看、开除党籍五种。此外,如果行为人是公职人员的,还需要依照《公职人员政务处分法》等有关法律法规给予政务处分。

《反间谍法》第54条第4款规定,国家安全机关根据相关单位、人员违法情节和后果,可以建议有关主管部门依法责令停止从事相关业务、提供相关服务或者责令停产停业、吊销有关证照、撤销登记。有关主管部门应当将作出行政处理的情况及时反馈国家安全机关。这里的"责令停止从事相关业务、提供相关服务",是指停止开展生产服务活动的行政处罚。国家安全机关根据违法情节和后果,可以建议有关主管部门依法责令行为人在一定业务范围、一定地域停止相关业务或服务,如停止参加政府采购、参与招标活动等。"责令停产停业",是指要求行为人停止全部或者部分生产经营活动的行政处罚,属于十分严厉的行政处罚。"吊销有关证照",是指有关行政机关依法取消违反反间谍法律法规的行为人取得的有关从业资质许可证照等。本款增加了"撤销登记"的行政处理方式。根据本款规定,有关主管部门作出行政处理的情况应及时反馈给国家安全机关。

63 明知他人实施间谍行为，为其提供帮助或者窝藏、包庇的，应当如何处罚？

答：《反间谍法》第54条第2款规定，明知他人实施间谍行为，为其提供信息、资金、物资、劳务、技术、场所等支持、协助，或者窝藏、包庇，尚不构成犯罪的，依照前款的规定处罚。构成上述情形应当符合以下条件：（1）行为人明知他人在实施间谍行为。如果行为人对此不明知而提供了支持、协助的，不能认定为本款规定的情形。（2）行为人为间谍犯罪活动提供了信息、资金、物资、劳务、技术、场所等支持、协助，或者窝藏、包庇。例如向他人提供犯罪活动的资金支持，提供他人的账号、身份证明文件，提供互联网影音视频的接收、下载、加密技术，提供活动场所、训练基地等。

《反间谍法》第54条第4款规定，国家安全机关根据相关单位、人员违法情节和后果，可以建议有关主管部门依法责令停止从事相关业务、提供相关服务或者责令停产停业、吊销有关证照、撤销登记。根据本款规定，有关主管部门作出行政处理的情况应及时反馈给国家安全机关。

64 单位实施间谍行为，或者帮助实施间谍行为的，应当如何处罚？

答：《反间谍法》第54条第3款规定："单位有前两款行为的，由国家安全机关予以警告，单处或者并处五十万元以下罚款，违法所得在五十万元以上的，单处或者并处违法所得一倍以上五倍以下罚款，并对直接负责的主管人员和其他直接责任人员，依照第一款的规定处罚。"这里的前两款行为是指实施或者帮助实施间谍行为的情形。2023年修订的《反间谍法》增加了对个人、单位实施间谍行为和帮助实施间谍行为进行行政处罚的规定，主要由于当今我国国家安全面临的新形势、新任务，需要根据总体国家安全观的要求，将防范、制止和惩治间谍行为，维护国家安全的关口前移。根据本款规定，单位实施或者帮助实施间谍行为的，对单位予以警告，单处或者并处五十万元以下罚款，违法所得在五十万元以上的，单处或者并处违法所得一倍以上五倍以下罚款，并对直接负责的主管人员和其他直接责任人员，依照《反间谍法》第54条第1款的规定处罚。对直接负责的主管人员和其他直接责任人员，具体是予以警告的处罚,还是处十五日以下行政拘留的处罚,单处还是并处五万元以下罚款,以及行政拘留的具体天数,需要由国家安全机关根据具体案件的情况和违法程度,按照过罚相当的原则确定。这里的警告,是指国家安全机关对有违反本法规定的单位、个人提出告诫,使其认识自身存在违法行为并进行改正的一种处罚。警告属于行政处罚中最轻的一种处罚,是可以当场作出的。这里的罚款,是将财产罚作为申诫罚和人身罚的衔接和过渡的处罚形式,丰富了国家安全机关行政处罚的种类。行政罚款使行为人在经济利益上受到损害,起到了警示和威慑的作用。违法所得在五万元以上的,除单处或者并处罚款之外,可以由有关部门依法予以处分。这里所说的"依法予以处分",主要是一种纪律处分,如果行为人不是国家机关工作人员,对其处分包括单位内部规定的处分和党内纪律处分。如果违反本条规定的单位的直接负责的主管人员和其他直接责任人员是中共党员的,除了给予内部工作纪律处分之外,还要根据《中国共产党纪律处分条例》的规定,由党组织给予党内纪律处分,包括警告、严重警告、撤销党内职务、留党察看、开除党籍五种。此外,如果行为人是公职人员的,还需要依照《公职人员政务处分法》等有关法律法规给予政务处分。

《反间谍法》第54条第4款规定,国家安全机关根据相关单位、人员违法情节和后果,可以建议有关主管部门依法责令停止从事相关业务、提供相关服务或者责令停产停业、吊销有关证照、撤销登记。根据本款规定,有关主管部门作出行政处理的情况应及时反馈给国家安全机关。

65 | 实施间谍行为,有自首或者立功表现的,如何从宽处理?

答:《反间谍法》第55条第1款规定,实施间谍行为,有自首或者立功表现的,可以从轻、减轻或者免除处罚;有重大立功表现的,给予奖励。本款规定是奉劝实施间谍违法犯罪的行为人迷途知返,将功补过。本款规定的自首与《刑法》第67条规定的自首在认定上是一致的,即间谍行为人在实施违法行为或者犯罪后自动投案,如实供述自己的罪行。1994年《国家安全法实施细则》第23条对立功表现认定作过具体规定,2017年《反间谍法实施细则》第20条规定:"下列情形属于《反间谍法》第二十七条所称'立功表现':(一)揭发、检举危害国家安全的其他犯罪分子,情况属实的;(二)提供重要线索、证据,使危害国家安全的行为得以发现和制止的;(三)协助国家安全机关、司法机关捕获其他危害国家安全的犯罪分子的;(四)对协助国家安全机关维护国家安全有重要作用的其他行为。'重大立功表现',是指在前款所列立功表现的范围内对国家安全工作有特别重要作用的。"对于有上述自首或者立功表现的，可以从轻、减轻或者免除处罚。到底是从轻、减轻还是免除处罚，需要结合实施间谍行为的具体情况以及自首、立功的具体情节予以确定。对于极少数间谍行为构成严重犯罪，危害特别严重，需要严厉处罚的，也可以不从宽处罚。本款还规定"有重大立功表现的，给予奖励"，这是针对间谍工作的特殊性所作出的专门规定。因反间谍工作的需要，为了鼓励间谍犯罪分子弃暗投明，改恶从善，积极进行重大立功，本款中规定对于有重大立功表现的，在可以从轻、减轻或者免除处罚的同时，还要对立功者给予精神或者物质上的奖励。至于由哪一级国家机关给予奖励，如何奖励，可以由国家安全机关根据本款规定和立功的具体情节和实际情况确定。实践中，有的间谍行为人自首后对自己行为的性质进行辩解，这种情况不影响自首的成立。

66 在境外受胁迫或者受诱骗从事危害我国家安全的活动及时说明情况的，如何从宽处理？

答：《反间谍法》第55条第2款规定，在境外受胁迫或者受诱骗参加间谍组织、敌对组织，从事危害中华人民共和国国家安全的活动，及时向中华人民共和国驻外机构如实说明情况，或者入境后直接或者通过所在单位及时向国家安全机关如实说明情况，并有悔改表现的，可以不予追究。根据本款规定，对在境外受胁迫或者受诱骗参加间谍组织、敌对组织，从事危害中华人民共和国国家安全的活动，同时符合以下条件的，可以不予追究：第一，行为人在境外参加间谍组织、敌对组织，实施危害我国国家安全活动，是因为受到敌对势力或有关人员的胁迫或者诱骗。例如行为人受到境外敌对组织或者间谍组织直接的暴力威胁；或者被以揭露隐私、加害亲友等手段施以精神强制，不敢不从；或者受到歪曲事实真相的蛊惑宣传等。这里的"间谍组织"，是指对我国实施间谍活动的境外间谍组织。"敌对组织"，是指敌视中华人民共和国人民民主专政的国家制度和社会主义制度,危害我国国家安全的组织。需要特别说明的是,这里的"危害中华人民共和国国家安全的活动",既包括本法规定的"间谍行为",也包括间谍行为以外的其他危害我国国家安全的活动。第二,行为人实施危害我国国家安全的活动后,及时向中华人民共和国驻外机构如实说明情况,或者入境后直接或者通过所在单位及时向国家安全机关如实说明情况。这里强调行为人要"及时"且"如实"说明情况,"及时"是指行为人参加间谍组织、敌对组织,从事危害中华人民共和国国家安全的活动,尚未被发觉或者虽然被发觉但尚未受到讯问或者被采取强制措施。"如实说明情况"是指说明的情况应当全面、真实,不得刻意隐瞒、歪曲,或者提供虚假信息。内容上应包括在境外参加间谍组织、敌对组织的情况;所从事的危害中华人民共和国国家安全活动的情况;与他人共同实施的,还需要说明知悉的同案犯的情况。从本款规定来看,行为人说明情况有两条途径:其一,在境外向我国驻外机构如实说明情况;其二,入境后直接或者通过所在单位及时向国家安全机关如实说明情况。行为人入境后,依照本款规定向国家安全机关及时、如实说明情况,并有悔改表现的,同样可以不予追究。行为人说明情况后,国家安全机关负责妥善处理。此外,有的行为人出于各种原因,希望所在单位陪同向国家安全机关说明情况,对这种通过所在单位向国家安全机关说明情况的,也应当予以鼓励。第三,行为人除及时、如实向有关机关说明情况外,还应有悔改表现。所谓悔改表现,包括行为人对自己实施的行为真诚悔悟的态度，也包括以积极的行动消除、减轻自己行为造成的危害和不良影响。如配合国家安全机关进行调查取证、开展工作等。根据《反间谍法》的上述规定，行为人同时具备上述三个条件的，才可以不予追究。

67 未履行反间谍安全防范义务的，应当如何处理？

答：《反间谍法》第 56 条规定，国家机关、人民团体、企业事业组织和其他社会组织未按照本法规定履行反间谍安全防范义务的，国家安全机关可以责令改正；未按照要求改正的，国家安全机关可以约谈相关负责人，必要时可以将约谈情况通报该单位上级主管部门；产生危害后果或者不良影响的，国家安全机关可以予以警告、通报批评；情节严重的，对负有责任的领导人员和直接责任人员，由有关部门依法予以处分。根据以上规定，国家机关、人民团体、企业事业组织和其他社会组织未按照本法规定履行反间谍安全防范义务的，对其惩处分四个层次：一是责令改正；二是未按照要求改正的，可以约谈相关负责人，必要时可以将约谈情况通报该单位上级主管部门；三是产生危害后果或者不良影响的，国家安全机关可以予以警告、通报批评；四是情节严重的，对负有责任的领导人员和直接责任人员予以处分。"责令改正"，即对未严格按照本条规定履行反间谍安全防范义务，未加强对工作人员反间谍安全防范的教育和管理，未按照相应要求和标准采取相应的技术措施和其他必要措施等情况，由国家安全机关责令采取有效措施纠正错误做法。责令的方式和程序，都要有法律、行政法规的依据，符合依法行政的要求。"警告"，是指国家安全机关对有违反本条规定的单位提出告诫，使其认识自身存在违法行为并进行改正的处罚。警告是可以当场作出的。"通报批评"，在这里是指国家安全机关对有违反本条规定的个人或者单位在一定范围内通过书面批评加以谴责和告诫，指出其违法行为，避免其再犯。通报批评是面向一定范围内作出的，既可以在反间谍安全防范重点单位内作出，使其违法行为在行业内部受到谴责，予以警示，也可以面向社会公开谴责，这将具有更大的社会影响。"通报批评"相比"警告"，对有关单位具有更大的社会压力和警示力度。这里的"依法予以处分"，主要是一种纪律处分，如果行为人不是国家机关工作人员，对其处分包括单位内部规定的处分和党内纪律处分、政务处分。违反本条规定的单位直接负责主管人员和其他直接责任人员是中共党员的，除了单位给予内部工作纪律处分之外，还要根据《中国共产党纪律处分条例》的规定，由党组织给予党内纪律处分，包括警告、严重警告、撤销党内职务、留党察看、开除党籍五种。此外，如果行为人是公职人员的，还需要依照《公职人员政务处分法》等有关法律法规给予政务处分。

68 违反涉及国家安全事项的建设项目许可的,应当如何处理?

答:《反间谍法》第57条规定:"违反本法第二十一条规定新建、改建、扩建建设项目的,由国家安全机关责令改正,予以警告;拒不改正或者情节严重的,责令停止建设或者使用、暂扣或者吊销许可证件,或者建议有关主管部门依法予以处理。"

处罚内容包括责令改正,予以警告,责令停止建设或者使用、暂扣或者吊销许可证件,以及其他有关主管部门等,对于实施何种惩罚,还要结合具体情况。如对于需要责令改正或者予以警告的,对于存在安全隐患,但经采取国家安全防范措施可以消除的,国家安全机关可以提出整改要求;对已经提出改正要求但因时间、审批时限等客观情况整改不到位的,可以适当给予宽限;对于拒不改正或者情节严重的,责令停止建设或者使用、暂扣或者吊销许可证件等;对于不属于国家安全机关权限的,法律规定国家安全机关建议有关主管部门依据相应的法律规定作出处罚。如,《城乡规划法》第64条规定,未取得建设工程规划许可证或者未按照建设工程规划许可证的规定进行建设的，由县级以上地方人民政府城乡规划主管部门责令停止建设；尚可采取改正措施消除对规划实施的影响的，限期改正，处建设工程造价百分之五以上百分之十以下的罚款；无法采取改正措施消除影响的，限期拆除，不能拆除的，没收实物或者违法收入，可以并处建设工程造价百分之十以下的罚款。

"拒不改正或者情节严重的"要结合具体情况判断。实践中，新建、改建、扩建的项目往往工程量大、周期长，整改需要一定时间、人力和设备等，对于因客观原因整改不彻底的不能认为是拒不改正，但如果故意拖延不整改，或者以小部分整改敷衍应付，严重危害国家安全、造成重大损失等行为，则可以认定为"拒不改正或者情节严重的"。

69 邮政、快递等物流运营单位和电信业务经营者、互联网服务提供者不履行支持、协助义务的,应当如何处理?

答:根据《反间谍法》第58条规定,违反本法第41条规定的,即邮政、快递等物流运营单位和电信业务经营者、互联网服务提供者不履行支持、协助义务的,由国家安全机关责令改正,予以警告或者通报批评;拒不改正或者情节严重的,由有关主管部门依照相关法律法规予以处罚。对于违反《反间谍法》第41条规定的,情节轻微的由国家安全机关责令改正,予以警告或者通报批评。"拒不改正或者情节严重"可以是责令改正后故意拖延,提供虚假的信息、数据,人为给国家安全机关调查间谍行为制造假象、困难,增加调查难度,明确提出不予支持或者因不改正或不及时改正贻误案件调查、侦查或者危害国家安全等。

国家安全机关调查间谍行为涉及有关主管部门依照相关法律法规可以予以处罚的,包括如下情形:对于电信业务经营者、互联网服务提供者的处罚,一是,《网络安全法》第69条规定,网络运营者违反《网络安全法》规定,有下列行为之一的,由有关主管部门责令改正;拒不改正或者情节严重的,处五万元以上五十万元以下罚款,对直接负责的主管人员和其他直接责任人员,处一万元以上十万元以下罚款:(一)不按照有关部门的要求对法律、行政法规禁止发布或者传输的信息,采取停止传输、消除等处置措施的;(二)拒绝、阻碍有关部门依法实施的监督检查的;(三)拒不向公安机关、国家安全机关提供技术支持和协助的。二是,《反恐怖主义法》第18条规定,电信业务经营者、互联网服务提供者应当为公安机关、国家安全机关依法进行防范、调查恐怖活动提供技术接口和解密等技术支持和帮助。如果间谍违法犯罪活动涉嫌恐怖活动的,可以适用《反恐怖主义法》第84条对法律责任的规定,电信业务经营者、互联网服务提供者有下列情形的,由主管部门处二十万元以上五十万元以下罚款,并对其直接负责的主管人员和其他直接责任人员处十万元以下罚款;情节严重的,处五十万元以上罚款,并对其直接负责的主管人员和其他直接责任人员,处十万元以上五十万元以下罚款,可以由公安机关对其直接负责的主管人员和其他直接责任人员,处五日以上十五日以下拘留:未依照规定为公安机关、国家安全机关依法进行防范、调查恐怖活动提供技术接口和解密等技术支持和协助的。

对于邮政、快递等物流运营单位的处罚,《邮政法》第36

条规定，因国家安全或者追查刑事犯罪的需要，公安机关、国家安全机关或者检察机关可以依法检查、扣留有关邮件，并可以要求邮政企业提供相关用户使用邮政服务的信息。邮政企业和有关单位应当配合，并对有关情况予以保密。第75条第1款规定，邮政企业、快递企业不建立或者不执行收件验视制度，或者违反法律、行政法规以及国务院和国务院有关部门关于禁止寄递或者限制寄递物品的规定收寄邮件、快件的，对邮政企业直接负责的主管人员和其他直接责任人员给予处分；对快递企业，邮政管理部门可以责令停业整顿直至吊销其快递业务经营许可证。第2款规定，用户在邮件、快件中夹带禁止寄递或者限制寄递的物品，尚不构成犯罪的，依法给予治安管理处罚。第3款规定，有前两款规定的违法行为，造成人身伤害或者财产损失的，依法承担赔偿责任。第78条规定，邮政企业及其从业人员、快递企业及其从业人员在经营活动中有危害国家安全行为的，依法追究法律责任；对快递企业，并由邮政管理部门吊销其快递业务经营许可证。《快递暂行条例》第38条第2款规定，国家安全机关、公安机关为维护国家安全和侦查犯罪活动的需要依法开展执法活动，经营快递业务的企业应当提供技术支持和协助。第45条规定，经营快递业务的企业及其从业人员在经营活动中有危害国家安全行为的，依法追究法律责任；对经营快递业务的企业，由邮政管理部门吊销其快递业务经营许可证。

70 | 国家安全机关工作人员依法执行反间谍任务时,对有关个人和组织拒不配合数据调取的,应当如何处理?

答:《反间谍法》第59条规定,违反本法规定,拒不配合数据调取的,由国家安全机关依照《数据安全法》的有关规定予以处罚。"违反本法规定"主要是违反本法第26条的规定,即国家安全机关工作人员依法执行反间谍工作任务时,根据国家有关规定,经设区的市级以上国家安全机关负责人批准,可以查阅、调取有关的文件、数据、资料、物品,有关个人和组织应当予以配合。查阅、调取不得超出执行反间谍工作任务所需的范围和限度。这里的"配合"是指应当为国家安全机关调查有关情况、收集有关证据提供便利条件等,不能无故拒绝、故意阻碍国家安全机关依法查阅、调取有关的文件、数据、资料、物品。"拒不配合"主要是指有义务并且有能力提供有关数据而不予以提供的情况。在表现形式上可以是不予提供,或者是给数据调取制造技术或者人为障碍等。实践中要注意将"拒不提供"与客观上无法提供的情况相区分。社会生产和生活中,数据的类型、来源等非常广泛,对于数据的全面收集是一种较为理想的状态。当前数据调取措施主要针对网络信息业者,在调取数据的过程中除协助义务外,还要切实考虑网络信息业者的协助能力、管理规范程度等。如有些企业因数据留存管理不规范,没有留存有关数据,或者因技术等原因无法调取数据等情况,不宜简单认为是"拒不配合"数据调取。在数据调取过程中,要做好数据调取和信息保护的平衡,要对调取数据的范围作出严格限制,不能将对超出必要数据范围的调取要求的合理拒绝认为是"拒不配合"。

关于处罚,由国家安全机关依照《数据安全法》的有关规定予以处罚。《数据安全法》第35条对国家机关经过严格的批准手续依法调取数据作出规定。第48条对拒不配合数据调取的法律责任作出规定,即违反《数据安全法》第35条规定,拒不配合数据调取的,由有关主管部门责令改正,给予警告,并处五万元以上五十万元以下罚款,对直接负责的主管人员和其他直接责任人员处一万元以上十万元以下罚款。对于违反《反间谍法》规定,拒不配合数据调取的,适用《数据安全法》的上述规定予以处罚;具有处罚权的主体,本条明确为国家安全机关。

71 | 对泄露有关反间谍工作的国家秘密的，应当如何处理？

答：关于泄露有关反间谍工作的国家秘密的法律责任，需要区分情节轻重，分别追究刑事责任，或者予以行政处罚。2014年《反间谍法》对泄露有关反间谍工作的国家秘密的法律责任作出规定，即第31条规定："泄露有关反间谍工作的国家秘密的，由国家安全机关处十五日以下行政拘留；构成犯罪的，依法追究刑事责任。"2023年《反间谍法》在2014年《反间谍法》基础上作出修改，2023年《反间谍法》第60条规定，对违反本法规定，泄露有关反间谍工作的国家秘密，构成犯罪的，依法追究刑事责任；尚不构成犯罪的，由国家安全机关予以警告或者处十日以下行政拘留，可以并处三万元以下罚款。关于泄露有关反间谍工作的国家秘密的刑事责任，《刑法》第398条规定了泄露国家秘密罪，根据该条规定，故意或者过失泄露国家秘密，情节严重的，处三年以下有期徒刑或者拘役；情节特别严重的，处三年以上七年以下有期徒刑。因此，对泄露有关反间谍工作的国家秘密的，是追究刑事责任还是予以行政拘留处罚，应当根据具体案件情节严重程度决定。其中，情节较轻，不构成犯罪的，由国家安全机关依法处十日以下行政拘留等行政处罚。情节严重的，应当依法追究其刑事责任。实践中对情节是否严重的判断，主要应从行为人所泄露的有关反间谍工作的国家秘密事项的重要程度，因泄露该国家秘密给国家安全机关反间谍工作带来的实际危害考虑；此外，还应当考虑行为人泄露该国家秘密在主观上是出于故意还是过失。

任何知悉有关反间谍工作国家秘密的人，泄露有关反间谍工作的国家秘密的，都应依法追究责任。从实际情况看，知悉有关反间谍工作国家秘密的人员，有的是国家安全机关及其工作人员依法执行反间谍任务时，向其调查了解过有关情况，要求其提供过协助，有的是因其工作性质了解到相关情况。如根据本法规定，国家安全机关依法行使侦查、拘留、预审和执行逮捕以及法律规定的其他职权，可以查验有关人员的身份；进入有关场所、单位，查阅、调取有关的档案、资料、物品；优先使用或者依法征用单位或者个人的交通工具、通信工具、场地、建筑物，必要时，可以设置相关工作场所和设备、设施；查验有关组织和个人的电子通信工具、器材等设备、设施等。相关人员因配合国家安全机关工作，而知悉有关反间谍工作的国家秘密的，都应当按照国家安全机关的要求严格保密，以免因泄露给国家安全机关开展反间谍工作造成阻碍。此外，也有一些人员可能是因为其他原因了解到国家安全机关开展反间谍工作的情况，如在现场目击等。无论行为人因何种原因了解到有关反间谍工作的国家秘密，都应当严格保守秘密，不得泄露。根据本条规定，泄露有关反间谍工作的国家秘密，无论故意或者过失，都应追究法律责任。所谓"泄露"，是指行为人违反保密规定，使自己所知悉的有关反间谍工作的国家秘密被不应知悉该国家秘密的人所知悉的行为。

72 对明知他人有间谍犯罪行为,在国家安全机关向其调查情况、收集证据时拒绝提供的,应当如何处理?

答:《反间谍法》第60条规定,对于违反本法规定,明知他人有间谍犯罪行为,在国家安全机关向其调查有关情况、收集有关证据时,拒绝提供,构成犯罪的,依法追究刑事责任;尚不构成犯罪的,由国家安全机关予以警告或者处十日以下行政拘留,可以并处三万元以下罚款。在法律责任上,对明知他人有间谍犯罪行为,在国家安全机关向其调查情况、收集证据时拒绝提供的,可以追究刑事责任,也可予以行政处罚。明知他人有间谍犯罪行为,拒绝提供有关情况和证据,构成犯罪的,可以适用《刑法》第311条拒绝提供间谍犯罪、恐怖主义犯罪、极端主义犯罪证据罪的规定追究刑事责任。《刑法》第311条规定,明知他人有间谍犯罪或者恐怖主义、极端主义犯罪行为,在司法机关向其调查有关情况、收集有关证据时,拒绝提供,情节严重的,处三年以下有期徒刑、拘役或者管制。这里要注意区分行政处罚与追究刑事责任的界限,"情节严重的"予以追究刑事责任。

明知他人有间谍犯罪行为，在国家安全机关向其调查有关情况、收集有关证据时，拒绝提供，需要同时符合以下条件：一是，行为人在主观上要"明知他人有间谍犯罪行为"。"明知"是指行为人主观上明确地知道，既包括知道他人实施间谍犯罪行为的全部情况，也包括知道部分情况。二是，明知的内容是他人实施"间谍犯罪行为"的情况。根据《反间谍法》第4条的规定，间谍行为包括下列行为：（1）间谍组织及其代理人实施或者指使、资助他人实施，或者境内外机构、组织、个人与其相勾结实施的危害中华人民共和国国家安全的活动；（2）参加间谍组织或者接受间谍组织及其代理人的任务，或者投靠间谍组织及其代理人；（3）间谍组织及其代理人以外的其他境外机构、组织、个人实施或者指使、资助他人实施，或者境内机构、组织、个人与其相勾结实施的窃取、刺探、收买、非法提供国家秘密、情报以及其他关系国家安全和利益的文件、数据、资料、物品，或者策动、引诱、胁迫、收买国家工作人员叛变的活动；（4）间谍组织及其代理人实施或者指使、资助他人实施，或者境内外机构、组织、个人与其相勾结实施针对国家机关、涉密单位或者关键信息基础设施等的网络攻击、侵入、干扰、控制、破坏等活动；（5）为敌人指示攻击目标；（6）进行其他间谍活动。行为人如果知悉他人实施上述间谍行为，在国家安全机关向其了解情况时，应当配合国家安全机关依法开展工作，如实提供自己了解的有关情况和所掌握的证据。

73 对故意阻碍国家安全机关依法执行任务的，应当如何处理？

答：《反间谍法》第 60 条规定，对于违反本法规定，故意阻碍国家安全机关依法执行任务，构成犯罪的，依法追究刑事责任；尚不构成犯罪的，由国家安全机关予以警告或者处十日以下行政拘留，可以并处三万元以下罚款。以暴力、威胁方法阻碍国家机关工作人员依法执行职务，构成犯罪的，可以适用《刑法》第 277 条第 1 款、第 4 款予以处罚，即对于以暴力、威胁方法阻碍国家机关工作人员依法执行职务的，处三年以下有期徒刑、拘役、管制或者罚金；故意阻碍国家安全机关、公安机关依法执行国家安全工作任务，未使用暴力、威胁方法，造成严重后果的，依照前述规定处罚。

"故意阻碍"是指行为人明知国家安全机关依法执行任务，而实施各种行为致使任务无法顺利进行，行为人主观上对具体任务的内容等无须有明确的认知，最终是否起到阻碍的作用并不影响对行为人的处罚。

74 对隐藏、转移、变卖、损毁国家安全机关依法查封、扣押、冻结的财物的，应当如何处理？

答：《反间谍法》第60条规定，违反本法规定，隐藏、转移、变卖、损毁国家安全机关依法查封、扣押、冻结的财物，构成犯罪的，依法追究刑事责任；尚不构成犯罪的，由国家安全机关予以警告或者处十日以下行政拘留，可以并处三万元以下罚款。对于非法处置查封、扣押、冻结财产，构成犯罪的，可以适用《刑法》第314条非法处置查封、扣押、冻结的财产罪的规定。《刑法》第314条规定，隐藏、转移、变卖、故意毁损已被司法机关查封、扣押、冻结的财产，情节严重的，处三年以下有期徒刑、拘役或者罚金。

关于"隐藏、转移、变卖、损毁国家安全机关依法查封、扣押、冻结的财物"的理解。"隐藏"是指将财物私自隐匿，躲避国家安全机关的查处。"转移"主要是指将已被查封、扣押的物品转移到他处，或者将已被冻结的资金私自取出或转账到其他账户，脱离国家安全机关的实际控制。"变卖"是指擅自将财物作价出卖。"损毁"是指使用破坏性手段使财物毁损或者灭失。

75 | 对明知是间谍行为的涉案财物而窝藏、转移、收购、代为销售或者进行掩饰、隐瞒的,应当如何处理?

答:《反间谍法》第60条规定,违反本法规定,明知是间谍行为的涉案财物而窝藏、转移、收购、代为销售或者以其他方法掩饰、隐瞒,构成犯罪的,依法追究刑事责任;尚不构成犯罪的,由国家安全机关予以警告或者处十日以下行政拘留,可以并处三万元以下罚款。对于明知是间谍行为的涉案财物而窝藏、转移、收购、代为销售或者以其他方法掩饰、隐瞒,构成犯罪的,可以适用《刑法》第312条规定,以掩饰、隐瞒犯罪所得、犯罪所得收益罪追究刑事责任。《刑法》第312条规定,明知是犯罪所得及其产生的收益而予以窝藏、转移、收购、代为销售或者以其他方法掩饰、隐瞒的,处三年以下有期徒刑、拘役或者管制,并处或者单处罚金;情节严重的,处三年以上七年以下有期徒刑,并处罚金。单位犯前述罪的,对单位判处罚金,并对其直接负责的主管人员和其他直接责任人员，依照前述的规定处罚。实践中要注意把握违法和犯罪的界限，对于掩饰、隐瞒犯罪所得、犯罪所得收益犯罪行为的认定，可以依照2021年《最高人民法院关于审理掩饰、隐瞒犯罪所得、犯罪所得收益刑事案件适用法律若干问题的解释》。

根据《反间谍法》第60条的规定追究责任，要求行为人主观"明知是间谍行为的涉案财物而窝藏、转移、收购、代为销售或者以其他方法掩饰、隐瞒"。这里的"明知"不要求明确知道，包括推定为应当知道的情况。对于"明知"，应当结合被告人的认知能力，接触他人犯罪所得及其收益的情况，以及被告人的供述等主客观因素进行认定。行为的对象是间谍行为的涉案财物，包括用于间谍行为的工具和其他财物，以及用于资助间谍行为的资金、物资等。"窝藏"是指使用各种方法将财物隐藏起来，或者替违法犯罪行为人保存，不让国家安全机关发现。"转移"是指将财物移至他处，使国家安全机关不能查获。"收购"是指收买财物。"代为销售"是指代违法犯罪行为人将财物出卖。"其他方法"是指窝藏、转移、收购、代为销售以外的其他掩饰、隐瞒的方法。实践中需要注意的是，违法行为人对其所窝藏、转移、收购、代为销售或者以其他方法掩饰、隐瞒的财物，主观上是明确知道其属于间谍行为涉案财物的。行为人确实属于被欺骗或者因为疏忽而不知道财物性质的，不适用本条规定。

76 | 对依法支持、协助国家安全机关工作的个人和组织进行打击报复的,应当如何处理?

答:《反间谍法》第 9 条规定,国家对支持、协助反间谍工作的个人和组织给予保护。第 52 条进一步规定,对支持、协助国家安全机关工作或者依法检举、控告的个人和组织,任何个人和组织不得压制和打击报复。《反间谍法》第 60 条规定,违反本法规定,对依法支持、协助国家安全机关工作的个人和组织进行打击报复,构成犯罪的,依法追究刑事责任;尚不构成犯罪的,由国家安全机关予以警告或者处十日以下行政拘留,可以并处三万元以下罚款。

对于实施上述行为构成犯罪的,可以适用《刑法》第 308 条打击报复证人罪的规定,即对证人进行打击报复的,处三年以下有期徒刑或者拘役;情节严重的,处三年以上七年以下有期徒刑。有伤害情形的也可以适用《刑法》第 234 条故意伤害罪的规定,即故意伤害他人身体的,处三年以下有期徒刑、拘役或者管制。犯前述罪,致人重伤的,处三年以上十年以下有期徒刑；致人死亡或者以特别残忍手段致人重伤造成严重残疾的，处十年以上有期徒刑、无期徒刑或者死刑。

"支持、协助国家安全机关工作的个人和组织"，包括主动提供线索和协助查找证据等的个人和组织。这里的"组织"是与个人相对的广义概念，包括但不限于社团组织、基层自治组织等。

77 | 对非法获取、持有属于国家秘密的文件、数据、资料、物品的,应当如何处理?

答:《反间谍法》第61条规定,非法获取、持有属于国家秘密的文件、数据、资料、物品,尚不构成犯罪的,由国家安全机关予以警告或者处十日以下行政拘留。2023年《反间谍法》在2014年《反间谍法》基础上作出修改。2023年《反间谍法》第14条规定,任何个人和组织都不得非法获取、持有属于国家秘密的文件、数据、资料、物品。第61条对相关法律责任作出规定。行为人实施上述行为,构成犯罪的,可以依照《刑法》第282条非法获取国家秘密罪,非法持有国家绝密、机密文件、资料、物品罪追究刑事责任。《刑法》第282条规定,以窃取、刺探、收买方法,非法获取国家秘密的,处三年以下有期徒刑、拘役、管制或者剥夺政治权利;情节严重的,处三年以上七年以下有期徒刑。非法持有属于国家绝密、机密的文件、资料或者其他物品,拒不说明来源与用途的,处三年以下有期徒刑、拘役或者管制。实践中需要注意的是,《反间谍法》本条规定的非法持有行为并非都构成犯罪。一是，在密级的范围上，要达到国家绝密、机密级才可能构成犯罪。二是，持有的同时还拒不说明来源与用途。"拒不说明来源与用途"，是指在有关机关责令说明非法持有的属于国家绝密、机密的文件、资料和其他物品的来源和用途时，行为人拒不回答或者作虚假回答。对于符合上述情形的行为，国家安全机关应当按照《刑事诉讼法》的规定立案侦查，侦查终结后依法移送人民检察院审查起诉。在认定非法持有属于国家绝密、机密的文件、资料或者其他物品犯罪时，行为人拒不说明国家绝密、机密的文件、资料或者其他物品来源的，司法机关应当认真调查其来源与用途，行为人具有间谍身份，或者为境外机构、组织、人员非法提供国家秘密，或者以窃取、刺探、收买方法非法获取国家秘密等犯罪行为的，应当依各相关罪定罪处罚，从而防止因行为人拒不说明来源与用途而放纵罪犯。同时，司法机关在处理此类犯罪时也应当慎重，需要认真听取行为人的说明和辩解，对于确实不知情的，不能以本罪论处。

关于本条中"国家秘密"的理解。国家秘密有明确的范围和程度限定，根据《保守国家秘密法》第 2 条、第 9 条、第 10 条和第 11 条规定，"国家秘密"是指关系国家安全和利益，依照法定程序确定，在一定时间内只限一定范围的人员知悉的事项。从保密程度上划分，国家秘密的密级分为绝密、机密、秘密三级。需要注意的是，这里的文件、资料形式既包括传统的纸质载体，也包括光介质、电磁介质等载体；数据既包括载于传统介质的数据也包括在云空间等存储的数据。

78 | 对非法生产、销售、持有、使用专用间谍器材的,应当如何处理?

答:《反间谍法》第 61 条规定,非法生产、销售、持有、使用专用间谍器材,尚不构成犯罪的,由国家安全机关予以警告或者处十日以下行政拘留。行为人实施上述行为,构成犯罪的,可以依照《刑法》第 283 条非法生产、销售专用间谍器材、窃听、窃照专用器材罪追究刑事责任。《刑法》第 283 条规定,非法生产、销售专用间谍器材或者窃听、窃照专用器材的,处三年以下有期徒刑、拘役或者管制,并处或者单处罚金;情节严重的,处三年以上七年以下有期徒刑,并处罚金。单位犯前述罪的,对单位判处罚金,并对其直接负责的主管人员和其他直接责任人员,依照前述的规定处罚。

"非法持有"专用间谍器材主要是指非法保存、留藏专用间谍器材,即除依法从事反间谍、收缴专用间谍器材等工作的部门可以保存留有这些器材外,其他人保留这些器材都属于"非法持有"。"非法使用"专用间谍器材包括两方面内容:一是依法不得使用这些器材的人使用这些器材,既包括非法持有人使用，也包括向他人借来使用；二是依法可以使用这些器材的人，违反法律和有关规定，在不该使用的场合、时间或者对不该使用的对象使用。对于专用间谍器材的认定，《反间谍法实施细则》第18条规定，"专用间谍器材"是指进行间谍活动特殊需要的下列器材：（1）暗藏式窃听、窃照器材；（2）突发式收发报机、一次性密码本、密写工具；（3）用于获取情报的电子监听、截收器材；（4）其他专用间谍器材。专用间谍器材由国务院国家安全主管部门依照有关规定确认，具体由国家安全部负责。国家安全部确认专用间谍器材，应当依照国家有关规定进行。未经国家安全部依法确认，对任何器材的持有、使用行为都不得依照本法进行处罚。

79 | 对行为人及其近亲属或者其他相关人员，因行为人实施间谍行为从间谍组织及其代理人获取的所有利益，应当如何处理？

答：《反间谍法》第 64 条规定，行为人及其近亲属或者其他相关人员，因行为人实施间谍行为从间谍组织及其代理人获取的所有利益，由国家安全机关依法采取追缴、没收等措施。

"行为人"是指实施间谍违法犯罪行为的人，"近亲属"一般是指行为人的配偶、父母、子女、同胞兄弟姊妹等。"其他相关人员"是指其他与行为人关系密切的人员。"所有利益"，是指间谍违法犯罪分子因实施间谍违法犯罪活动，而获得的全部利益，既包括间谍违法犯罪行为人所得的利益，也包括其近亲属或者其他相关人员因为行为人实施间谍行为而获得的利益；既包括因间谍违法犯罪直接所得的利益，也包括间接所得的利益，如间谍组织及其代理人提供的所谓"补偿款""慰问金"等利益；既包括物质性利益及其孳息、收益，也包括非物质性利益，如间谍组织及其代理人提供的留学机会、旅游服务等利益；既包括已经实际获得的利益，也包括尚未获得的远期利益。

行为人及其近亲属或者其他相关人员，因行为人实施间谍行为从间谍组织及其代理人获取的所有利益，应当由国家安全机关依法采取追缴、没收等措施。国家安全机关是反间谍工作的主管机关，也是追缴、没收措施的实施主体。"追缴"是指对于因实施间谍行为获取的利益，已经转移、隐藏的，由国家安全机关追查下落、强制收缴。"没收"是指将行为人及其近亲属或者其他相关人员，因行为人实施间谍行为从间谍组织及其代理人获取的利益强制收归国有。

追缴、没收等措施的范围应当限于行为人及其近亲属或者其他相关人员，因行为人实施间谍行为从间谍组织及其代理人获取的利益，实践中要客观认定获取利益与实施间谍行为之间的因果关系，对于属于因实施间谍行为而获取的所有利益，要依法追缴、没收。无法确定二者间的关联，则不应予以追缴、没收，以保护个人的合法财产权益。

80 什么情况下，可以采取限期出境措施？

答：《反间谍法》第66条第1款规定，境外人员违反本法的，国务院国家安全主管部门可以决定限期出境，并决定其不准入境的期限。

"境外人员"，是指主要居住在我国国（边）境外的人，包括外国人、无国籍人，以及其他境外人员。实践中，长期居住在我国国（边）境内，但是不具有中华人民共和国国籍的人，也属于境外人员。"限期出境"，是指强制违法的境外人员在一定时间内离开我国国（边）境的行政处罚。"境"指的是"国境"和"边境"。本条中的"出境"，既包括由中国内地前往其他国家或地区，也包括由中国内地前往香港特别行政区、澳门特别行政区，由中国大陆前往台湾地区。

限期出境的决定主体是国务院国家安全主管部门。限期出境对境外人员权益有较大影响，由国务院国家安全主管部门决定，有利于实践中严格执行。关于限期出境的具体程序，可以参考2013年《外国人入境出境管理条例》，条例第33条规定

"外国人被决定限期出境的,作出决定的机关应当在注销或者收缴其原出境入境证件后,为其补办停留手续并限定出境的期限。限定出境期限最长不得超过 15 日"。同时,考虑到限期出境对象的特殊性,为维护我国出入境管理正常秩序和国家安全,国务院国家安全主管部门可以决定适用限期出境措施,明确境外人员不准入境的期限。

81 什么情况下，可以采取遣送出境措施？

答：《反间谍法》第66条第1款规定，被决定限期出境的境外人员，未在规定期限内离境的，可以遣送出境。

遣送出境是指对非法入境、非法居留、非法就业等境外人员采用必要手段使其离开国境的措施。《出境入境管理法》第62条第1款、第2款规定："外国人有下列情形之一的，可以遣送出境：（一）被处限期出境，未在规定期限内离境的；（二）有不准入境情形的；（三）非法居留、非法就业的；（四）违反本法或者其他法律、行政法规需要遣送出境的。其他境外人员有前款所列情形之一的，可以依法遣送出境。"

实践中，遣送出境一般是派人监护，将被遣送对象送到目的地的交通工具上。遣送出境的具体程序可以参考《出境入境管理法》和1992年最高人民法院、最高人民检察院、公安部、外交部、司法部、财政部联合发布的《关于强制外国人出境的执行办法的规定》。《关于强制外国人出境的执行办法的规定》对遣送出境的具体执行程序作了规定：一是被决定强制出境的外国人，由执行机关凭决定书执行。二是执行期限原则为立即执行，负责具体执行的机关，应当按照交付机关确定的期限立即执行。三是对被强制出境的外国人，其出境的口岸，应事先确定，就近安排。如果被强制出境的外国人前往与我国接壤的国家，也可以安排从边境口岸出境。执行机关应当事先与出境口岸联系，通报被强制出境人员的情况，抵达口岸时间、交通工具班次，出境乘用的航班号、车次、时间，以及其他与协助执行有关的事项。四是执行方式。对强制出境的外国人，需要押送的，由执行机关派外事民警押送；不需要押送的，可以在离境时派出外事民警临场监督。同时，参考 2020 年《公安机关办理行政案件程序规定》第 247 条的规定："被遣送出境的外国人可以被遣送至下列国家或者地区：（一）国籍国；（二）入境前的居住国或者地区；（三）出生地国或者地区；（四）入境前的出境口岸的所属国或者地区；（五）其他允许被遣送出境的外国人入境的国家或者地区。"

遣送出境是对当事人人身自由的暂时性限制，而不是对入境权利的剥夺。遣送出境过程中，只要当事人不对抗，一般不实施强制性手段，但是遣送出境是强制实施的，有强制手段作保障。

82 什么情况下，可以采取驱逐出境措施？

答：《反间谍法》第66条第2款规定，对违反本法的境外人员，国务院国家安全主管部门决定驱逐出境的，自被驱逐出境之日起十年内不准入境，国务院国家安全主管部门的处罚决定为最终决定。

对违反《反间谍法》的境外人员，国务院国家安全主管部门可以决定驱逐出境。"驱逐出境"，是指对违反《反间谍法》的境外人员，在限定的期限内，采用强制手段强行将其押解出境的处罚。驱逐出境的决定主体是国务院国家安全主管部门，驱逐出境对境外人员权益有较大影响，法律后果比较严重，处理起来应非常谨慎，由国务院国家安全主管部门决定是适宜的，有利于实践中严格执行。

根据《反间谍法》的规定被驱逐出境的境外人员，一般都严重违反了反间谍要求，不同程度地实施了违反《反间谍法》的行为，法律规定被驱逐出境的境外人员自被驱逐出境之日起十年内不准入境。

鉴于出境入境管理专业性强、时效要求高、与国家主权安全和利益紧密相连等特点，法律规定国务院国家安全主管部门的驱逐出境处罚决定是最终决定，境外人员不得对该决定申请行政复议或提起行政诉讼。

83 | 国家安全机关作出行政处罚决定之前，应当告知当事人哪些事项？

答：《反间谍法》第67条规定，国家安全机关作出行政处罚决定之前，应当告知当事人拟作出的行政处罚内容及事实、理由、依据，以及当事人依法享有的陈述、申辩、要求听证等权利。

国家安全机关履行告知义务，告知的内容包括两个方面：

一是，告知当事人拟作出的行政处罚内容及事实、理由、依据，即国家安全机关应当告诉当事人拟作出行政处罚的种类、具体数额或数量，具体的违法事实，对违法行为作出处罚决定的原因，违反法律、法规、规章的具体规定。告知当事人处罚的内容及事实、理由、依据，首先，可以帮助当事人意识到自己行为的违法性和社会危害性，达到教育、预防违法的目的；其次，可以充分保障当事人的知情权，对行政处罚实施过程予以公开，便于当事人保护自身权利；最后，便于人民群众对行政执法情况进行监督，对行政主体加以约束，防止权力滥用。

二是，告知当事人依法享有陈述、申辩和要求听证等权利，这是当事人行使相应权利的前提。反间谍工作具有较强的专业性、技术性和隐蔽性，有的当事人缺乏法律和专业知识，不能很好地了解自己享有的权利，如果国家安全机关不予告知，当事人可能错过权利救济的机会。当事人及时获知自己享有的权利，就可以依法保护自己的合法权益，防止国家安全机关滥用行政处罚权。"陈述"，主要是陈述事实和理由，提出自己的主张和证据；"申辩"，主要是解释、辩解，反驳对自己不利的意见和证据。陈述权和申辩权是当事人的重要权利，具有重要作用，受法律保护。首先，在行政处罚实施过程中，当事人处于相对被动的地位，陈述权和申辩权可以适度提升当事人的被动地位，保护其合法权益；其次，国家安全机关及其执法人员在听取陈述和申辩后，可以更加完整地了解情况，尤其是当事人提出国家安全机关尚不掌握的事实和证据后，国家安全机关可以作出更加全面、准确的决定；最后，陈述和申辩是认定当事人是否具有主观过错的重要基础，《行政处罚法》第33条第2款规定，"当事人有证据足以证明没有主观过错的，不予行政处罚。法律、行政法规另有规定的，从其规定"。在法律、行政法规没有例外规定的情况下，当事人没有主观过错即不予处罚，而举证责任归属于当事人，对于当事人来说，通过行使陈述权和申辩权而进行的举证十分重要。听证制度是各国行政程序法的一项核心制度，要求国家安全机关在作出行政处罚决定之前听取当事人的意见，赋予了当事人为自己申辩和质证的权利,是一项很重要的程序制度。对于要求听证的权利,《行政处罚法》进一步明确了举行听证的案件范围,即拟给予较重的行政处罚的案件,而不是所有行政处罚案件都应当进行听证。

84 | 当事人对行政处罚决定、行政强制措施决定、行政许可决定不服的,可以采取哪些救济措施?

答:《反间谍法》第 68 条规定,当事人对行政处罚决定、行政强制措施决定、行政许可决定不服的,可以自收到决定书之日起六十日内,依法申请复议;对复议决定不服的,可以自收到复议决定书之日起十五日内,依法向人民法院提起诉讼。

当事人对行政处罚决定、行政强制措施决定、行政许可决定不服的,应当先申请行政复议,即实行行政复议前置。这里的"当事人",主要是指行政处罚决定、行政强制措施决定、行政许可决定的相对人。《反间谍法》规定的行政处罚、行政强制措施、行政许可决定,包括给予违法行为人警告、罚款、行政拘留、暂扣或者吊销许可证件等行政处罚,对涉嫌用于间谍行为的场所、设施或者财物依法查封、扣押、冻结等行政强制措施,由国家安全机关实施的涉及国家安全事项的建设项目许可等行政许可。当事人申请行政复议,应当自收到决定书之日起六十日内提出。申请人超过法律规定的期限申请行政复议的，行政复议机关将依法不予受理。行政复议申请期限应当"自收到决定书之日起"计算，此即为行政复议申请期限的起算时间。根据有关法律规定，当事人"收到决定书"的当天，不计算在六十日之内，而应从第二日开始计算。当事人申请行政复议，应当依法进行。当事人申请行政复议，应当按照《行政复议法》规定的形式，向有权机关提出申请。根据《行政复议法》规定，对省级及以下国家安全机关作出的行政处罚决定、行政强制措施决定、行政许可决定不服的，只能向上一级国家安全机关申请行政复议，不能向本级人民政府申请复议；对国家安全部的有关决定不服的，只能向国家安全部申请行政复议。此外，申请行政复议，还应当遵守有关法律的规定。如《反间谍法》第66条规定，国务院国家安全主管部门的驱逐出境处罚决定为最终决定，因此，对于国家安全部所作的驱逐出境处罚，当事人不能申请行政复议。

当事人对复议决定不服的，可以自收到复议决定书之日起十五日内，向人民法院提起行政诉讼。行政复议决定是行政复议机关受理行政复议申请后，经审查作出的处理决定。实践中，存在复议机关不受理复议申请或者受理后超过期限不作答复的情况。对此，《行政复议法》第34条规定："法律、行政法规规定应当先向行政复议机关申请行政复议、对行政复议决定不服再向人民法院提起行政诉讼的，行政复议机关决定不予受理、驳回申请或者受理后超过行政复议期限不作答复的，公民、法人或者其他组织可以自收到决定书之日起或者行政复议期限届满之日起十五日内,依法向人民法院提起行政诉讼。"当事人提起行政诉讼应当依法进行,即按照《行政诉讼法》规定的条件、形式、程序等进行。

85 | 国家安全机关工作人员滥用职权、玩忽职守、徇私舞弊或者有其他违法行为的，应当如何处理？

答：《反间谍法》第69条规定，国家安全机关工作人员滥用职权、玩忽职守、徇私舞弊，或者有非法拘禁、刑讯逼供、暴力取证、违反规定泄露国家秘密、工作秘密、商业秘密和个人隐私、个人信息等行为，依法予以处分，构成犯罪的，依法追究刑事责任。

"滥用职权"，是指国家安全机关工作人员超越职权，违法决定、处理其无权决定、无权处理的事项，或者违反规定处理公务。"玩忽职守"，主要是指国家安全机关工作人员严重不负责任，不履行或者不认真履行职责义务。不履行职责义务，是指国家安全机关工作人员，对自己应当履行的职责，拒绝履行或者放弃职守。不认真履行职责义务，是指国家安全机关工作人员在履行职责义务中违背职责要求，不按有关法律、法规或者有关规定办事，严重不负责任。"徇私舞弊"，是指国家安全机关工作人员在履行职责过程中，徇个人私利或者私情而违背职责的行为。"非法拘禁",是指国家安全机关工作人员违反法律规定,对不该关押的人施以拘禁或者其他强制方法,剥夺其人身自由的行为。拘禁的方法多种多样,如捆绑、关押、扣留、隔离审查等。无论采用什么方法,只要违法强制剥夺他人的人身自由,都属于非法拘禁。"刑讯逼供",是指在办理刑事案件过程中,为逼取口供,对犯罪嫌疑人使用肉刑或者变相使用肉刑,使其在肉体上或者精神上遭受剧烈疼痛或者痛苦而不得不供述的行为,如殴打、电击、饿、冻、烤等。"暴力取证",是指使用暴力逼取证人证言的行为。"违反规定泄露国家秘密、工作秘密、商业秘密和个人隐私、个人信息",是指行为人把自己掌握或者知悉的国家秘密、工作秘密、商业秘密和个人隐私、个人信息让不应知悉者知悉。泄露的方式是多种多样的,既可以是口头泄露,也可以是用书面泄露;既可以是用交给实物的方式泄露,也可以是用发送电子信函的方式泄露;等等。国家安全机关及其工作人员对在反间谍工作中知悉的涉及国家秘密、工作秘密、商业秘密、个人隐私、个人信息的信息、材料,应当妥善保管,不得遗失、泄露。除上述明确列举的违法行为外,国家安全机关工作人员实施其他违法行为的,也应当依法予以追究。

国家安全机关工作人员有上述违法行为的,应当依照法定程序根据违法情节轻重给予相应处分。处分包括警告、记过、记大过、降级、撤职、开除六类。通常认为,警告、记过、记大过、降级属于轻处分,撤职、开除属于重处分。国家安全机关工作人员实施有关违法行为，既有可能构成犯罪，也有可能因为情节较轻或者没有造成《刑法》要求的后果等从而不构成犯罪，无论是否构成犯罪，都应当依法给予处分。

国家安全机关工作人员实施上述违法行为，构成犯罪的，依法追究刑事责任。实践中，在认定是否构成犯罪时，要依照《刑法》的有关规定进行。根据《刑法》规定，国家安全机关工作人员实施有关违法行为，可能构成以下犯罪：侵犯商业秘密罪（第219条），故意杀人罪（第232条），故意伤害罪（第234条），非法拘禁罪（第238条），刑讯逼供罪、暴力取证罪（第247条），侵犯公民个人信息罪（第253条之一），滥用职权罪、玩忽职守罪（第397条），故意泄露国家秘密罪、过失泄露国家秘密罪（第398条），徇私枉法罪（第399条）等。国家安全机关工作人员实施其他行为，根据《刑法》规定构成犯罪的，同样应当追究刑事责任。需要说明的是，《刑法》对于一些行为构成犯罪有"情节严重""致使公共财产、国家和人民利益遭受重大损失"等情节、后果等方面的要求，有关司法解释对情节、后果等作了进一步明确，因此，并不是只要行为人实施了相应行为就构成犯罪，是否构成犯罪，应当由司法机关依照《刑法》及其司法解释有关规定和案件有关情况具体认定。

86 | 《反间谍法》什么时候开始实施？

答：《反间谍法》第 71 条规定，本法自 2023 年 7 月 1 日起施行。

法律的施行日期，即法律的生效时间，是指法律何时开始生效，以及法律对其生效前的事件或者行为是否具有溯及力，是任何一部法律都要涉及的问题，是一部法律的重要组成部分。

修改后的法律，其生效时间由修改法律的形式决定。目前，我国立法实践中修改法律的形式主要有以下两种：一是以修订的方式对法律条文进行全面修改，重新公布法律文本以替代原法律文本；二是以修正的方式对法律的部分条文予以修改，并以修改决定的形式公布，具体形式是修改决定之后附修正本，根据修改决定对原法律作相应的修改并重新公布，这是我国法律修改最基本、最重要的形式。采用修订形式修改的法律，由于修改的内容较多，涉及法律原则、制度的修改，一般是重新规定法律施行日期；采用修正形式修改的法律，由于只涉及部分条文的修改，一般不改变法律的施行日期，只规定修改决定的施行日期，该施行日期仅对修改的部分适用，未修改的部分仍然适用原法规定的生效日期。

2023年《反间谍法》的修改采取的是修订的方式，因此重新规定了法律的施行日期，将2014年《反间谍法》规定的"本法自公布之日起施行"修改为"本法自2023年7月1日起施行"。之所以规定自2023年7月1日起施行，主要考虑是：（1）这次修订《反间谍法》，科学界定了间谍行为的范围，增加投靠间谍组织及其代理人行为，网络间谍等行为，第三国间谍行为，等等；增加安全防范一章，明确了公民、机关、企业事业单位、社会组织等反间谍安全防范职责，规定了建设项目许可制度；调查处置措施也增加了许多新的规定，如传唤、查询财产等；法律责任部分增加了对间谍行为的行政处罚以及对其他违法行为的行政处罚，涉及社会层面的内容较多，人民群众需要有一段时间的知悉和了解，需要做好宣传工作。（2）这次修订增加了许多新规定，且法律规定较为原则，国务院需要制定实施细则细化法律的相关规定；法律规定的建设项目许可的实施办法需要由国家安全部会同有关部门制定规范性文件；国家安全机关也需要根据《反间谍法》制定内部执法规范等，出台相关配套规定也需要一定的时间。（3）针对法律的新规定，内部培训也需要一定的时间，执法规范化也要提出新要求，避免因执法问题与社会公众发生冲突，出现妨害执行公务等情况，使执法效果和法律的适用受到影响。同时，相关部门在法律文书等方面也需要一定的时间做好衔接，且需要向社会公开相关文书的格式等。（4）2023年4月26日第十四届全国人民代表大会常务委员会第二次会议修订通过《反间谍法》，两个月的宣传和准备时间较为合适，不会有时间过长的问题，能够保障有关部门及时适用法律，社会也有一定的普遍认知。经有关方面共同研究，综合考虑各方面因素，将修订后的《反间谍法》的施行时间确定为2023年7月1日。

修订后的《反间谍法》于2023年4月26日通过，并于同日经中华人民共和国主席令公布，距离2023年7月1日生效有两个多月的时间。在这段时间内，有关部门、地方和单位，应当做好施行前的准备工作：一是《反间谍法》规定的一些制度措施，需要进一步作出具体配套规定的，有关部门应当抓紧制定有关的配套规定；二是应做好《反间谍法》的宣传工作，使社会公众增加对《反间谍法》的了解；三是从事或者参与反间谍工作的部门、单位、人员应充分了解、学习、掌握法律的规定和精神，在工作中贯彻落实好法律的相关制度。

附 录

中华人民共和国主席令

第四号

《中华人民共和国反间谍法》已由中华人民共和国第十四届全国人民代表大会常务委员会第二次会议于 2023 年 4 月 26 日修订通过，现予公布，自 2023 年 7 月 1 日起施行。

中华人民共和国主席　习近平

2023 年 4 月 26 日

中华人民共和国反间谍法

（2014年11月1日第十二届全国人民代表大会常务委员会第十一次会议通过　2023年4月26日第十四届全国人民代表大会常务委员会第二次会议修订）

目　　录

第一章　总　　则

第二章　安全防范

第三章　调查处置

第四章　保障与监督

第五章　法律责任

第六章　附　　则

第一章　总　　则

第一条　为了加强反间谍工作，防范、制止和惩治间谍行为，维护国家安全，保护人民利益，根据宪法，制定本法。

第二条　反间谍工作坚持党中央集中统一领导，坚持总体国家安全观，坚持公开工作与秘密工作相结合、专门工作与群众路线相结合，坚持积极防御、依法惩治、标本兼治，筑牢国家安全人民防线。

第三条　反间谍工作应当依法进行，尊重和保障人权，保障个人和组织的合法权益。

第四条　本法所称间谍行为，是指下列行为：

（一）间谍组织及其代理人实施或者指使、资助他人实施，或者境内外机构、组织、个人与其相勾结实施的危害中华人民共和国国家安全的活动；

（二）参加间谍组织或者接受间谍组织及其代理人的任务，或者投靠间谍组织及其代理人；

（三）间谍组织及其代理人以外的其他境外机构、组织、个人实施或者指使、资助他人实施，或者境内机构、组织、个人与其相勾结实施的窃取、刺探、收买、非法提供国家秘密、情报以及其他关系国家安全和利益的文件、数据、资料、物品，或者策动、引诱、胁迫、收买国家工作人员叛变的活动；

（四）间谍组织及其代理人实施或者指使、资助他人实施，或者境内外机构、组织、个人与其相勾结实施针对国家机关、涉密单位或者关键信息基础设施等的网络攻击、侵入、干扰、控制、破坏等活动；

（五）为敌人指示攻击目标；

（六）进行其他间谍活动。

间谍组织及其代理人在中华人民共和国领域内，或者利用中华人民共和国的公民、组织或者其他条件，从事针对第三国的间谍活动，危害中华人民共和国国家安全的，适用本法。

第五条　国家建立反间谍工作协调机制，统筹协调反间谍工作中的重大事项，研究、解决反间谍工作中的重大问题。

第六条　国家安全机关是反间谍工作的主管机关。

公安、保密等有关部门和军队有关部门按照职责分工，密切配合，加强协调，依法做好有关工作。

第七条　中华人民共和国公民有维护国家的安全、荣誉和利益的义务，不得有危害国家的安全、荣誉和利益的行为。

一切国家机关和武装力量、各政党和各人民团体、企业事业组织和其他社会组织，都有防范、制止间谍行为，维护国家安全的义务。

国家安全机关在反间谍工作中必须依靠人民的支持，动员、组织人民防范、制止间谍行为。

第八条　任何公民和组织都应当依法支持、协助反间谍工作，保守所知悉的国家秘密和反间谍工作秘密。

第九条　国家对支持、协助反间谍工作的个人和组织给予保护。

对举报间谍行为或者在反间谍工作中做出重大贡献的个人和组织，按照国家有关规定给予表彰和奖励。

第十条　境外机构、组织、个人实施或者指使、资助他人实施的，或者境内机构、组织、个人与境外机构、组织、个人相勾结实施的危害中华人民共和国国家安全的间谍行为，都必须受到法律追究。

第十一条　国家安全机关及其工作人员在工作中，应当严格依法办事，不得超越职权、滥用职权，不得侵犯个人和组织的合法权益。

国家安全机关及其工作人员依法履行反间谍工作职责获取的个人和组织的信息，只能用于反间谍工作。对属于国家秘密、工作秘密、商业秘密和个人隐私、个人信息的，应当保密。

第二章　安全防范

第十二条　国家机关、人民团体、企业事业组织和其他社会组织承担本单位反间谍安全防范工作的主体责任，落实反间谍安全防范措施，对本单位的人员进行维护国家安全的教育，动员、组织本单位的人员防范、制止间谍行为。

地方各级人民政府、相关行业主管部门按照职责分工，管理本行政区域、本行业有关反间谍安全防范工作。

国家安全机关依法协调指导、监督检查反间谍安全防范工作。

第十三条　各级人民政府和有关部门应当组织开展反间谍安全防范宣传教育，将反间谍安全防范知识纳入教育、培训、普法宣传内容，增强全民反间谍安全防范意识和国家安全素养。

新闻、广播、电视、文化、互联网信息服务等单位，应当面向社会有针对性地开展反间谍宣传教育。

国家安全机关应当根据反间谍安全防范形势，指导有关单位开展反间谍宣传教育活动，提高防范意识和能力。

第十四条　任何个人和组织都不得非法获取、持有属于国家秘密的文件、数据、资料、物品。

第十五条　任何个人和组织都不得非法生产、销售、持有、使用间谍活动特殊需要的专用间谍器材。专用间谍器材由国务院国家安全主管部门依照国家有关规定确认。

第十六条　任何公民和组织发现间谍行为，应当及时向国家安全机关举报；向公安机关等其他国家机关、组织举报的，相关国家机关、组织应当立即移送国家安全机关处理。

国家安全机关应当将受理举报的电话、信箱、网络平台等向社会公开，依法及时处理举报信息，并为举报人保密。

第十七条　国家建立反间谍安全防范重点单位管理制度。

反间谍安全防范重点单位应当建立反间谍安全防范工作制度，履行反间谍安全防范工作要求，明确内设职能部门和人员承担反间谍安全防范职责。

第十八条　反间谍安全防范重点单位应当加强对工作人员反间谍安全防范的教育和管理，对离岗离职人员脱密期内履行反间谍安全防范义务的情况进行监督检查。

第十九条　反间谍安全防范重点单位应当加强对涉密事项、场所、载体等的日常安全防范管理，采取隔离加固、封闭管理、设置警戒等反间谍物理防范措施。

第二十条　反间谍安全防范重点单位应当按照反间谍技术

防范的要求和标准，采取相应的技术措施和其他必要措施，加强对要害部门部位、网络设施、信息系统的反间谍技术防范。

第二十一条 在重要国家机关、国防军工单位和其他重要涉密单位以及重要军事设施的周边安全控制区域内新建、改建、扩建建设项目的，由国家安全机关实施涉及国家安全事项的建设项目许可。

县级以上地方各级人民政府编制国民经济和社会发展规划、国土空间规划等有关规划，应当充分考虑国家安全因素和划定的安全控制区域，征求国家安全机关的意见。

安全控制区域的划定应当统筹发展和安全，坚持科学合理、确有必要的原则，由国家安全机关会同发展改革、自然资源、住房城乡建设、保密、国防科技工业等部门以及军队有关部门共同划定，报省、自治区、直辖市人民政府批准并动态调整。

涉及国家安全事项的建设项目许可的具体实施办法，由国务院国家安全主管部门会同有关部门制定。

第二十二条 国家安全机关根据反间谍工作需要，可以会同有关部门制定反间谍技术防范标准，指导有关单位落实反间谍技术防范措施，对存在隐患的单位，经过严格的批准手续，可以进行反间谍技术防范检查和检测。

第三章 调查处置

第二十三条 国家安全机关在反间谍工作中依法行使本法

和有关法律规定的职权。

第二十四条 国家安全机关工作人员依法执行反间谍工作任务时，依照规定出示工作证件，可以查验中国公民或者境外人员的身份证明，向有关个人和组织问询有关情况，对身份不明、有间谍行为嫌疑的人员，可以查看其随带物品。

第二十五条 国家安全机关工作人员依法执行反间谍工作任务时，经设区的市级以上国家安全机关负责人批准，出示工作证件，可以查验有关个人和组织的电子设备、设施及有关程序、工具。查验中发现存在危害国家安全情形的，国家安全机关应当责令其采取措施立即整改。拒绝整改或者整改后仍存在危害国家安全隐患的，可以予以查封、扣押。

对依照前款规定查封、扣押的电子设备、设施及有关程序、工具，在危害国家安全的情形消除后，国家安全机关应当及时解除查封、扣押。

第二十六条 国家安全机关工作人员依法执行反间谍工作任务时，根据国家有关规定，经设区的市级以上国家安全机关负责人批准，可以查阅、调取有关的文件、数据、资料、物品，有关个人和组织应当予以配合。查阅、调取不得超出执行反间谍工作任务所需的范围和限度。

第二十七条 需要传唤违反本法的人员接受调查的，经国家安全机关办案部门负责人批准，使用传唤证传唤。对现场发现的违反本法的人员，国家安全机关工作人员依照规定出示工作证件，可以口头传唤，但应当在询问笔录中注明。传唤的原因和依据应当告知被传唤人。对无正当理由拒不接受传唤或者逃避传唤的人，可以强制传唤。

国家安全机关应当在被传唤人所在市、县内的指定地点或者其住所进行询问。

国家安全机关对被传唤人应当及时询问查证。询问查证的时间不得超过八小时；情况复杂，可能适用行政拘留或者涉嫌犯罪的，询问查证的时间不得超过二十四小时。国家安全机关应当为被传唤人提供必要的饮食和休息时间。严禁连续传唤。

除无法通知或者可能妨碍调查的情形以外，国家安全机关应当及时将传唤的原因通知被传唤人家属。在上述情形消失后，应当立即通知被传唤人家属。

第二十八条 国家安全机关调查间谍行为，经设区的市级以上国家安全机关负责人批准，可以依法对涉嫌间谍行为的人身、物品、场所进行检查。

检查女性身体的，应当由女性工作人员进行。

第二十九条 国家安全机关调查间谍行为，经设区的市级以上国家安全机关负责人批准，可以查询涉嫌间谍行为人员的相关财产信息。

第三十条 国家安全机关调查间谍行为，经设区的市级以上国家安全机关负责人批准，可以对涉嫌用于间谍行为的场所、设施或者财物依法查封、扣押、冻结；不得查封、扣押、冻结与被调查的间谍行为无关的场所、设施或者财物。

第三十一条 国家安全机关工作人员在反间谍工作中采取

查阅、调取、传唤、检查、查询、查封、扣押、冻结等措施，应当由二人以上进行，依照有关规定出示工作证件及相关法律文书，并由相关人员在有关笔录等书面材料上签名、盖章。

国家安全机关工作人员进行检查、查封、扣押等重要取证工作，应当对全过程进行录音录像，留存备查。

第三十二条　在国家安全机关调查了解有关间谍行为的情况、收集有关证据时，有关个人和组织应当如实提供，不得拒绝。

第三十三条　对出境后可能对国家安全造成危害，或者对国家利益造成重大损失的中国公民，国务院国家安全主管部门可以决定其在一定期限内不准出境，并通知移民管理机构。

对涉嫌间谍行为人员，省级以上国家安全机关可以通知移民管理机构不准其出境。

第三十四条　对入境后可能进行危害中华人民共和国国家安全活动的境外人员，国务院国家安全主管部门可以通知移民管理机构不准其入境。

第三十五条　对国家安全机关通知不准出境或者不准入境的人员，移民管理机构应当按照国家有关规定执行；不准出境、入境情形消失的，国家安全机关应当及时撤销不准出境、入境决定，并通知移民管理机构。

第三十六条　国家安全机关发现涉及间谍行为的网络信息内容或者网络攻击等风险，应当依照《中华人民共和国网络安全法》规定的职责分工，及时通报有关部门，由其依法处置或者责令电信业务经营者、互联网服务提供者及时采取修复漏洞、加固网络防护、停止传输、消除程序和内容、暂停相关服务、下架相关应用、关闭相关网站等措施，保存相关记录。情况紧急，不立即采取措施将对国家安全造成严重危害的，由国家安全机关责令有关单位修复漏洞、停止相关传输、暂停相关服务，并通报有关部门。

经采取相关措施，上述信息内容或者风险已经消除的，国家安全机关和有关部门应当及时作出恢复相关传输和服务的决定。

第三十七条　国家安全机关因反间谍工作需要，根据国家有关规定，经过严格的批准手续，可以采取技术侦察措施和身份保护措施。

第三十八条　对违反本法规定，涉嫌犯罪，需要对有关事项是否属于国家秘密或者情报进行鉴定以及需要对危害后果进行评估的，由国家保密部门或者省、自治区、直辖市保密部门按照程序在一定期限内进行鉴定和组织评估。

第三十九条　国家安全机关经调查，发现间谍行为涉嫌犯罪的，应当依照《中华人民共和国刑事诉讼法》的规定立案侦查。

第四章　保障与监督

第四十条　国家安全机关工作人员依法履行职责，受法律保护。

第四十一条　国家安全机关依法调查间谍行为，邮政、快递等物流运营单位和电信业务经营者、互联网服务提供者应当提供必要的支持和协助。

第四十二条　国家安全机关工作人员因执行紧急任务需要，经出示工作证件，享有优先乘坐公共交通工具、优先通行等通行便利。

第四十三条　国家安全机关工作人员依法执行任务时，依照规定出示工作证件，可以进入有关场所、单位；根据国家有关规定，经过批准，出示工作证件，可以进入限制进入的有关地区、场所、单位。

第四十四条　国家安全机关因反间谍工作需要，根据国家有关规定，可以优先使用或者依法征用国家机关、人民团体、企业事业组织和其他社会组织以及个人的交通工具、通信工具、场地和建筑物等，必要时可以设置相关工作场所和设施设备，任务完成后应当及时归还或者恢复原状，并依照规定支付相应费用；造成损失的，应当给予补偿。

第四十五条　国家安全机关因反间谍工作需要，根据国家有关规定，可以提请海关、移民管理等检查机关对有关人员提供通关便利，对有关资料、器材等予以免检。有关检查机关应当依法予以协助。

第四十六条　国家安全机关工作人员因执行任务，或者个人因协助执行反间谍工作任务，本人或者其近亲属的人身安全受到威胁时，国家安全机关应当会同有关部门依法采取必要措施，予以保护、营救。

个人因支持、协助反间谍工作，本人或者其近亲属的人身安全面临危险的，可以向国家安全机关请求予以保护。国家安全机关应当会同有关部门依法采取保护措施。

个人和组织因支持、协助反间谍工作导致财产损失的，根据国家有关规定给予补偿。

第四十七条 对为反间谍工作做出贡献并需要安置的人员，国家给予妥善安置。

公安、民政、财政、卫生健康、教育、人力资源和社会保障、退役军人事务、医疗保障、移民管理等有关部门以及国有企业事业单位应当协助国家安全机关做好安置工作。

第四十八条 对因开展反间谍工作或者支持、协助反间谍工作导致伤残或者牺牲、死亡的人员，根据国家有关规定给予相应的抚恤优待。

第四十九条 国家鼓励反间谍领域科技创新，发挥科技在反间谍工作中的作用。

第五十条 国家安全机关应当加强反间谍专业力量人才队伍建设和专业训练，提升反间谍工作能力。

对国家安全机关工作人员应当有计划地进行政治、理论和业务培训。培训应当坚持理论联系实际、按需施教、讲求实效，提高专业能力。

第五十一条 国家安全机关应当严格执行内部监督和安全审查制度，对其工作人员遵守法律和纪律等情况进行监督，并依法采取必要措施，定期或者不定期进行安全审查。

第五十二条　任何个人和组织对国家安全机关及其工作人员超越职权、滥用职权和其他违法行为，都有权向上级国家安全机关或者监察机关、人民检察院等有关部门检举、控告。受理检举、控告的国家安全机关或者监察机关、人民检察院等有关部门应当及时查清事实，依法处理，并将处理结果及时告知检举人、控告人。

对支持、协助国家安全机关工作或者依法检举、控告的个人和组织，任何个人和组织不得压制和打击报复。

第五章　法律责任

第五十三条　实施间谍行为，构成犯罪的，依法追究刑事责任。

第五十四条　个人实施间谍行为，尚不构成犯罪的，由国家安全机关予以警告或者处十五日以下行政拘留，单处或者并处五万元以下罚款，违法所得在五万元以上的，单处或者并处违法所得一倍以上五倍以下罚款，并可以由有关部门依法予以处分。

明知他人实施间谍行为，为其提供信息、资金、物资、劳务、技术、场所等支持、协助，或者窝藏、包庇，尚不构成犯罪的，依照前款的规定处罚。

单位有前两款行为的，由国家安全机关予以警告，单处或者并处五十万元以下罚款,违法所得在五十万元以上的,单处或者并处违法所得一倍以上五倍以下罚款,并对直接负责的主管人员和其他直接责任人员,依照第一款的规定处罚。

国家安全机关根据相关单位、人员违法情节和后果,可以建议有关主管部门依法责令停止从事相关业务、提供相关服务或者责令停产停业、吊销有关证照、撤销登记。有关主管部门应当将作出行政处理的情况及时反馈国家安全机关。

第五十五条 实施间谍行为,有自首或者立功表现的,可以从轻、减轻或者免除处罚;有重大立功表现的,给予奖励。

在境外受胁迫或者受诱骗参加间谍组织、敌对组织,从事危害中华人民共和国国家安全的活动,及时向中华人民共和国驻外机构如实说明情况,或者入境后直接或者通过所在单位及时向国家安全机关如实说明情况,并有悔改表现的,可以不予追究。

第五十六条 国家机关、人民团体、企业事业组织和其他社会组织未按照本法规定履行反间谍安全防范义务的,国家安全机关可以责令改正;未按照要求改正的,国家安全机关可以约谈相关负责人,必要时可以将约谈情况通报该单位上级主管部门;产生危害后果或者不良影响的,国家安全机关可以予以警告、通报批评;情节严重的,对负有责任的领导人员和直接责任人员,由有关部门依法予以处分。

第五十七条 违反本法第二十一条规定新建、改建、扩建建设项目的,由国家安全机关责令改正,予以警告;拒不改正或者情节严重的,责令停止建设或者使用、暂扣或者吊销许可证件,或者建议有关主管部门依法予以处理。

第五十八条 违反本法第四十一条规定的,由国家安全机关责令改正,予以警告或者通报批评;拒不改正或者情节严重的,由有关主管部门依照相关法律法规予以处罚。

第五十九条 违反本法规定,拒不配合数据调取的,由国家安全机关依照《中华人民共和国数据安全法》的有关规定予以处罚。

第六十条 违反本法规定,有下列行为之一,构成犯罪的,依法追究刑事责任;尚不构成犯罪的,由国家安全机关予以警告或者处十日以下行政拘留,可以并处三万元以下罚款:

(一)泄露有关反间谍工作的国家秘密;

(二)明知他人有间谍犯罪行为,在国家安全机关向其调查有关情况、收集有关证据时,拒绝提供;

(三)故意阻碍国家安全机关依法执行任务;

(四)隐藏、转移、变卖、损毁国家安全机关依法查封、扣押、冻结的财物;

(五)明知是间谍行为的涉案财物而窝藏、转移、收购、代为销售或者以其他方法掩饰、隐瞒;

(六)对依法支持、协助国家安全机关工作的个人和组织进行打击报复。

第六十一条 非法获取、持有属于国家秘密的文件、数据、资料、物品,以及非法生产、销售、持有、使用专用间谍器材，尚不构成犯罪的，由国家安全机关予以警告或者处十日以下行政拘留。

第六十二条　国家安全机关对依照本法查封、扣押、冻结的财物，应当妥善保管，并按照下列情形分别处理：

（一）涉嫌犯罪的，依照《中华人民共和国刑事诉讼法》等有关法律的规定处理；

（二）尚不构成犯罪，有违法事实的，对依法应当没收的予以没收，依法应当销毁的予以销毁；

（三）没有违法事实的，或者与案件无关的，应当解除查封、扣押、冻结，并及时返还相关财物；造成损失的，应当依法予以赔偿。

第六十三条　涉案财物符合下列情形之一的，应当依法予以追缴、没收，或者采取措施消除隐患：

（一）违法所得的财物及其孳息、收益，供实施间谍行为所用的本人财物；

（二）非法获取、持有的属于国家秘密的文件、数据、资料、物品；

（三）非法生产、销售、持有、使用的专用间谍器材。

第六十四条　行为人及其近亲属或者其他相关人员，因行为人实施间谍行为从间谍组织及其代理人获取的所有利益，由国家安全机关依法采取追缴、没收等措施。

第六十五条　国家安全机关依法收缴的罚款以及没收的财物，一律上缴国库。

第六十六条　境外人员违反本法的，国务院国家安全主管部门可以决定限期出境，并决定其不准入境的期限。未在规定期限内离境的，可以遣送出境。

对违反本法的境外人员，国务院国家安全主管部门决定驱逐出境的，自被驱逐出境之日起十年内不准入境，国务院国家安全主管部门的处罚决定为最终决定。

第六十七条　国家安全机关作出行政处罚决定之前，应当告知当事人拟作出的行政处罚内容及事实、理由、依据，以及当事人依法享有的陈述、申辩、要求听证等权利，并依照《中华人民共和国行政处罚法》的有关规定实施。

第六十八条　当事人对行政处罚决定、行政强制措施决定、行政许可决定不服的，可以自收到决定书之日起六十日内，依法申请复议；对复议决定不服的，可以自收到复议决定书之日起十五日内，依法向人民法院提起诉讼。

第六十九条　国家安全机关工作人员滥用职权、玩忽职守、徇私舞弊，或者有非法拘禁、刑讯逼供、暴力取证、违反规定泄露国家秘密、工作秘密、商业秘密和个人隐私、个人信息等行为，依法予以处分，构成犯罪的，依法追究刑事责任。

第六章　附　　则

第七十条　国家安全机关依照法律、行政法规和国家有关规定，履行防范、制止和惩治间谍行为以外的危害国家安全行为的职责，适用本法的有关规定。

公安机关在依法履行职责过程中发现、惩治危害国家安全的行为，适用本法的有关规定。

第七十一条　本法自2023年7月1日起施行。

图书在版编目（CIP）数据

反间谍安全教育问答／王爱立主编．—北京：中国法制出版社，2023.10
ISBN 978-7-5216-3878-3

Ⅰ．①反… Ⅱ．①王… Ⅲ．①反间谍法–中国–问题解答 Ⅳ．①D922.145

中国国家版本馆 CIP 数据核字（2023）第 171261 号

责任编辑：王林林　　　　　　　　　　　　　封面设计：李　宁

反间谍安全教育问答
FANJIANDIE ANQUAN JIAOYU WENDA

编者／中国法制出版社
经销／新华书店
印刷／三河市国英印务有限公司
开本／880 毫米×1230 毫米　32 开　　　印张／7.75　字数／112 千
版次／2023 年 10 月第 1 版　　　　　　　2023 年 10 月第 1 次印刷

中国法制出版社出版
书号 ISBN 978-7-5216-3878-3　　　　　　　　定价：35.00 元
北京市西城区西便门西里甲 16 号西便门办公区
邮政编码：100053　　　　　　　　　　　传真：010-63141600
网址：http：//www.zgfzs.com　　　　　　编辑部电话：010-63141672
市场营销部电话：010-63141612　　　　　印务部电话：010-63141606

（如有印装质量问题，请与本社印务部联系。）